# Psychologie macchiato

Udo Kittler · Sabine Stanicki
Illustriert von Thomas A. Müller

# Psychologie macchiato

Cartoonkurs für Schüler und Studenten

PEARSON

Higher Education

München · Harlow · Amsterdam · Madrid · Boston
San Francisco · Don Mills · Mexico City · Sydney

a part of plc Pearson worldwide

Bibliografische Information der Deutschen Nationalbibliothek
Die Deutsche Nationalbibliothek verzeichnet diese Publikation in der Deutschen Nationalbibliografie; detaillierte bibliografische Daten sind im Internet über http://dnb.dnb.de abrufbar.



10 9 8 7 6 5 4 3 2 1
15 14 13

ISBN 978-3-86894-025-1



Martin-Kollar-Str. 10-12, D-81829 München

www.pearson.de
A part of Pearson plc worldwide

Programmleitung: Birger Peil, bpeil@pearson.de
Lektorat: Irmgard Wagner, irmwagner@t-online.de
Korrektorat: Petra Kienle, Fürstenfeldbruck
Herstellung: Martha Kürzl-Harrison, mkuerzl@pearson.de
Satz: m2 design, Sterzing, www.m2-design.org
Druck und Verarbeitung: GraphyCems, Villatuerta

Printed in Spain

# Inhalt

# Vorwort

## Sie dürfen sich auf dieses Buch freuen!

„Sie ticken wohl nicht richtig!?" Hat Ihnen das auch schon einmal jemand an den Kopf geworfen? Das ist manchmal mit Fassung zu ertragen, manchmal auch nicht, besonders, wenn man sich im Recht wähnt. Aber vielleicht kann der ja gar nicht anders? Und mit etwas Humor reagiert man vielleicht so: „Wer hier richtig tickt, das wird sich noch herausstellen." Sie haben bestimmt die Alltagssituation erkannt: Autofahrer trifft Autofahrer, es knallt – und Gott sei Dank nur Blechschaden. Ein Fall für die gegnerische Versicherung. Oder doch nicht?

Was hat das mit diesem Buch zu tun? Nun: Erst einmal also ein weiteres Buch in der bekannten macchiato-Reihe. Das zehnte und – über Psychologie! Erstmalig sozusagen, aber endlich auch! Denn in der totalen Informationsgesellschaft ist nicht nur alles mit allem und jedem vernetzt, sondern alles wirkt sich auf Denken, Fühlen und Handeln der Menschen aus. Da ist es gut, etwas zur Hand zu haben, das wie ein verlässlicher Freund beim Lesen wirkt und auch nicht sauer ist, wenn man es für einige Zeit in die Ecke stellt – ein Buch eben. Ein Buch selbst hat keine Gefühle, aber es aktiviert solche, wenn man es in die Hand nimmt. Ein Buch hat keine Sprechwerkzeuge, aber es spricht zu uns. Es enthält Tausende von Zeichen, die sich zu einzelnen Einheiten fügen und zu einem Ganzen verschmelzen. Und – es kann auch schweigen, wenn der Leser es will, ohne seine Kraft zu verlieren. So ist es auch mit dem Seelischen des Menschen …

Manche tun so, als ginge uns das mit der menschlichen Seele nichts an. Aber alles, was auf den Menschen einwirkt, setzt psychische Abläufe in Gang: Ein schöner Mensch erregt meine Aufmerksamkeit, ein toller Film hält mich gefangen, ein Gespräch nebenan lädt zum Mitreden ein – wenn man dürfte. Dem Kellner im Café fällt eine Tasse vom Tablett und zwei Gäste springen hinzu, um ihm zu helfen. Der Latte Macchiato verteilt sich auf dem Fußboden … Ach ja, Macchiato und Psychologie, denken Sie, geht das überhaupt?

### Macchiato – was ist das?

In Verbindung mit Kaffee ist Macchiato ein köstliches Mischgetränk, eigentlich wie das Leben an sich auch. Aber das Leben ist ja nicht immer köstlich, manchmal hart und ungerecht. Nicht nur deshalb haben sich die psychologisch gebildeten Autoren von der Idee des Cartoonisten Thomas Müller anregen lassen, einen Spagat zu wagen, sondern auch, weil sie überzeugt sind, dass man das Steuergerät „Seele" systematisch erkunden kann. Man kann lernen, sich selbst und andere besser zu verstehen. Weil wir es selbst erfahren haben, dass ein wenig Mehr an Menschenkenntnis hilft, im Alltag „anders zu ticken" als das Gewöhnliche. Psychologie kann man eben genauso lernen wie Mathematik und Physik auch.

Deshalb steht das Psychologie-macchiato-Buch für ein Konzept, das den sachlichen Inhalt mit alltagsrelevanten Themen verknüpft, so dass dem Leser eine hohe Praxisrelevanz geboten wird, ohne unser Fach auf die leichte Schulter zu nehmen. Es entsteht durch die Mischung ein neuer Sound: Der Ernsthaftigkeit unseres Fachs wird mit einer gewissen „Leichtigkeit des Seins" gehuldigt. Dazu tragen auch die Cartoons in humorvoller Weise bei. Und wenn Sie sich fragen: Geht das? Ja, wir alle sind der Meinung, es geht. Lesen und prüfen Sie selbst, Sie sind dabei nicht einmal allein auf der weiten Fahrt ...

### Wen Sie immer wieder treffen

In dem Cartoon-Kurs werden Sie von vier Protagonisten durch die Welt der Psychologie geführt. Sie verbindet eine Story, denn sie haben auf vier verschiedenen Ebenen Erfahrungen mit der Psychologie gemacht und regen zu Forschungsabenteuern an:

Mara ist die junge Assistentin an der Uni, hat Psychologie studiert und steht kurz vor der Fertigstellung ihrer Doktorarbeit. Deshalb kann sie an der Uni auch schon selbstständig Seminare in Psychologie durchführen.

Prof. Dr. Ustad, Maras Doktorvater, ist emeritierter Hochschullehrer, anerkannt in Forschung und Lehre. Er hat Mara gefördert und ist ihr Mentor.

Alwin ist Student, der sein BWL-Studium abgebrochen hat und sich für Psychologie interessiert. Er findet in Mara eine Studienberaterin, die ihn durch die Welt der Psychologie und zu neuen, spannenden Erkenntnissen führt.

Dag, Maras Hund, der manchmal schlauer ist als Pawlows Hunde, steht für alle Lebewesen, die über ihr instinktives Verhalten hinaus auch lernen können, auf Reize hin richtig zu reagieren. Manchmal nimmt Dag selbst an Lernexperimenten teil.

## Für wen und wofür dieses Buch gedacht ist

Mit diesem Einsteigerbuch für Schüler und Studenten wollen wir Sie dort „abholen", wo Sie sich für Kurse in Psychologie an Ihrer Schule entscheiden. Aber auch alle anderen, die immer schon mehr über sich selbst erfahren wollten, über ihre sozialen Beziehungen, über wichtige Schritte des Lernens und vieles mehr, was die Psychologie erforscht, werden mit diesem Buch angesprochen. Deshalb will das Buch für Schüler wie auch für Lehrende in Psychologiekursen und in allen anderen Fächern eine Hilfe sein, manche schwierige fachliche Angelegenheit aus einem neuen Blickwinkel zu sehen und Anregungen für den Unterricht daraus zu gewinnen. Mancher Einstieg lässt sich mit einem trefflichen Cartoon eben leichter und nachhaltiger gestalten. Manches scheinbar schwierige Problem löst sich in einem humorvollen Cartoon auf.

Da der gesamte Stoff der Psychologie noch jeden Buchrahmen gesprengt hat, werden Sie im Text auch Verweise auf die das Buch begleitende Website des Verlags finden. Von dort erschließt sich die Welt der Psychologie in vielfältiger Weise, so dass vertiefende Studien jederzeit möglich sind. In etwas über 200 Seiten ist mit Cartoons nur die Darstellung einer wichtigen Lehrstoffauswahl im Sinne der didaktischen Reduktion möglich. Ergänzungen auf der Internetseite des Pearson-Verlags vervollständigen den Lehrstoff. Außerdem finden Sie dort auch einiges zur praktischen Psychologie. Zu diesen erweiterten Informationen führen Sie verschiedene Piktogramme.

## Was sagen uns die Piktogramme?

**Lampe** – am Ende des Kapitels wird kurz und knapp gezeigt, was im Kapitel näher beleuchtet wurde.

**Rufzeichen** – ein besonders wichtiger Absatz, eine wichtige Information, eine Definition. Was Sie vorher gelesen haben, will Ihnen zu einem Aha-Moment verhelfen und kann einfacher gemerkt werden.

**Hantel** – weiteres Training ist angebracht. Deshalb finden Sie Übungen im Kapitel Praktische Psychologie und in den elektronisch gespeicherten Materialien zu diesem Buch.

**Auge** – Sie sollten sich den Abschnitt genauer ansehen. Hier wird auf größere Zusammenhänge hingewiesen oder Sie finden Einzelheiten, die das Verständnis erleichtern.

**Buch** – weiterführende Informationen, die für eine Vertiefung des Stoffs interessant sind.

**Internet** – Sie finden im Internet auf der Website zu diesem Buch unter *www.pearson-studium.de* weitere Vertiefungen des Stoffs und ebenso Links zu anderen Websites und Medien.

**Stufe** – gibt bei Entwicklungs- und Lernstufen an, bei welcher Stufe wir uns gerade befinden

## Wer das Ganze geschrieben hat

Für die Texte verantwortlich sind zwei schul- und hochschulerfahrene Autoren: Sabine Stanicki und Udo Kittler. Frau Stanicki arbeitet als Oberstudienrätin an der Maria-Sibylla-Merian-Gesamtschule in Bochum-Wattenscheid und unterrichtet dort Psychologie. Es hat ihr viel Spaß gemacht, ihre Erfahrung im macchiato-Stil weiterzugeben.

Herr Kittler hat seit seiner Promotion 1978 zur Didaktik und Methodik des Unterrichtsfachs Psychologie an der TU Dortmund zuletzt als Studiendirektor im Hochschuldienst in der Psychologielehrerausbildung gearbeitet. Seine internationale Anerkennung fand er nicht nur durch die Gastprofessur an der Südlichen Föderalen Universität in Rostow-am-Don (Russland), sondern auch durch seine Wahl zum Generalsekretär der europäischen Psychologielehrervereinigung (EFPTA; siehe: *www.efpta.org*).

Für die Cartoons verantwortlich ist Thomas A. Müller, der schon andere Bücher der *macchiato-Reihe* erfolgreich illustriert hat. Herr Müller, selbstständiger Grafikdesigner, Illustrator und Cartoonist, hat mit großer Einfühlungsgabe die Zeichnungen gestaltet, die durch ihren Witz und ihre originelle Darstellung die Texte bereichern und lebendig werden lassen.

## Danke!

Als Autoren danken wir dem Pearson-Verlag, dass er dieses Buch herausbringt. Dies wäre aber nicht möglich gewesen ohne die stetige Brückenfunktion und auch persönliche Hingabe der Lektorin und macchiato-Autorin Irmgard Wagner. Ihre zahlreichen Bildideen, ihre professionellen Kompetenzen in unserem Fach sorgten für Anregung und Feedback und ihr Glaube an uns Autoren hat uns auf dem langen Weg zum Ziel durchhalten lassen. Dafür sagen wir von Herzen Dank!

Herzlichen Dank sagen wir auch Doris Linka, Birger Peil, Martha Kürzl-Harrison und Christine Mößner vom Verlag.

Noch immer verwandelt der Satz das Manuskript in etwas Besonderes. Dafür danken wir der Setzerin Martina Messner.

Schließlich ist es gut, dass Korrekturen aus anderem Blickwinkel vorgenommen werden, dann kann man sich darauf verlassen: Dieser Dank gilt Ihnen, Frau Petra Kienle!

Des Weiteren danken wir den Kolleginnen und Kollegen, mit denen wir seit Jahren fruchtbar zusammen unterrichtet und gelehrt haben. Den Studierenden, die bereits das Lehramtsstudium für Psychologie erfolgreich absolviert haben, gilt unser besonderer Dank. Aus der vielfältigen Zusammenarbeit sind zahlreiche kreative Ideen entstanden.

Herzlichen Dank an unsere Familien, die uns so manches Mal in der mühsamen Kreativphase unterstützt und versorgt haben!

Wir wünschen Ihnen, viele gute Anregungen gewinnen zu können. Wir freuen uns über Ihr Feedback.

Udo Kittler *juu.kittler@t-online.de*
Sabine Stanicki *sabine.stanicki@web.de*
Thomas A. Müller *little@littleart.de*

# Wer sagt mir, wie ich ticken soll?

# Psychologie geht uns alle an

## Wer sagt mir, wie ich ticken soll?

„Psychologie ist eine ernst zu nehmende Wissenschaft!" Mara nahm nach dem Tanz den Gesprächsfaden wieder auf. In einer Sitzecke machten sie es sich gemütlich. Alwin hatte sein BWL-Studium geschmissen und wollte sich in der Psychologie umsehen. Vielleicht war das etwas für ihn. Alwin stellte interessante Fragen, und Mara beschloss, sich mehr um ihn zu kümmern, da sie ihn für sehr fähig hielt. Er sollte schnell zu einer Entscheidung kommen und das für ihn Richtige studieren.

### Was ist Psychologie?

Eine gängige, weltweit gebrauchte Definition ist, dass Psychologie die Lehre vom menschlichen Verhalten und Erleben sei. Manche Wissenschaftler sind gar der Meinung, man könne gar nicht direkt definieren, was Psychologie sei. Das hängt damit zusammen, dass man einerseits **naturwissenschaftlich**, andererseits **geisteswissenschaftlich** forscht.

Ganz allgemein kann man formulieren, dass die Psychologie eine **Erfahrungswissenschaft** ist, welche das menschliche **Erleben**, **Empfinden** und **Verhalten** zum Gegenstand hat. Es werden Methoden und Fragestellungen aus den Naturwissenschaften und aus den Geisteswissenschaften für den Erkenntnisgewinn herangezogen.

## Die Suche nach der Seele

Historisch betrachtet reichen die Wurzeln des Faches bis in die Antike zurück. Bereits **Aristoteles** (384-322 v.Chr.) schrieb „Über die Seele" (De Anima) und entwarf ein Konzept des Begriffs „**Seele**". Er bezeichnete sie als Funktionsverwirklichung des Körpers, als die lebendige Aktion des Organismus. Heute wird die Seele oft mit dem Terminus „**Psyche**" (griechisch: „Hauch, Atem") gleichgesetzt. Philosophen und Theologen beschäftigten sich in den letzten Jahrhunderten mit der Frage, wo der Sitz der Seele sei, um das Geheimnis des bewussten Erlebens zu lüften. Es gibt eine Unmenge an verschiedenen Erklärungsansätzen, doch bisher konnte keiner dieses Rätsel widerspruchslos lösen.

Alwin war neugierig geworden – er besuchte Mara am folgenden Montag im Fachbereich Psychologie. „Wie kommen denn die Psychologen zu ihren Erkenntnissen? Es ist doch schwierig – was für den einen Menschen gilt, muss nicht für alle anderen auch richtig sein!" Mara zeigte ihm ein Skript zum „Forschen".

## Leitideen des Forschens

In der Mitte des 19. Jahrhunderts formierte sich die Psychologie zunächst als eine Wissenschaft naturwissenschaftlicher Ausrichtung. So gilt **Wilhelm Wundt** (1832-1929) als Begründer der **experimentellen Psychologie**, als er in Leipzig zwar eine Professur für Philosophie bekam, aber kontinuierlich an der Trennung der Psychologie von der Philosophie arbeitete. Mit **William James** (1842-1910) war er der Ansicht, dass jedes geistige Ereignis einen physikalischen (messbaren) Gegenpart habe. Wundt entwickelte die Methode der experimentellen **Introspektion**, bei welcher der Forscher ein Ereignis (messbar in Dauer und Qualität) beobachten und seine eigenen Reaktionen darauf (und auf einige Variationen des Ereignisses) notieren sollte.

Die **geisteswissenschaftliche** Psychologie geht von den beobachtbaren Phänomenen aus und arbeitet mit **hermeneutischen** Methoden: Jedes Dokument (Schriftsatz, Tagebuch, Vorgangsbeschreibung, Traumschilderung) enthält Botschaften (Hermeneus, griech.: Bote), die man zu verstehen und deuten lernen kann. Im Verhalten eines Kindes, das man beobachtet, kann man seine Entwicklungsstufe erkennen (siehe Kapitel *Entwicklungspsychologie*). Auch beobachtbares aggressives Verhalten enthält Botschaften, deren Zielsetzung man erkennen kann (siehe Kapitel *Persönlichkeit und Devianz*).

Bewusstsein
Unbewusstes
Tiefenpsychologie
Gestaltpsychologie
Behaviorismus
Entwicklungspsychologie
Klinische Psychologie
Arbeits- und Organisationspsychologie

Rasch entwickelten sich unterschiedliche „Schulen", welche den heute deutlich voneinander abgegrenzten psychologischen Grundströmungen vorangingen. Zu den **Grundströmungen** zählen der **Behaviorismus**, der **Kognitivismus**, die **Tiefenpsychologie**, die **Biopsychologie** und die **Gestaltpsychologie**. Deren Verfechter stritten sich heftig in inhaltlicher (welche Prozesse werden wie erklärt) und in methodischer (wie werden die Prozesse gemessen) Hinsicht.

Es haben sich des Weiteren Anwendungsbereiche herausgebildet, wie die **Arbeits- und Organisationspsychologie** oder die **Klinische Psychologie**, sowie eigene Forschungsbereiche wie die **Sozialpsychologie** oder die **Entwicklungspsychologie**. Die universitäre Psychologie trägt allen Bereichen Rechnung – wenn auch je nach Schwerpunkt der Universität mit unterschiedlicher Gewichtung. An Schulen wird die Stofffülle oft auf die oben genannten Grundströmungen (und weitere psychologische Themen) reduziert. Aber auch Fragestellungen aus Anwendungsdisziplinen der Psychologie werden in den Unterricht praxisorientiert integriert.

Weiterführende Literatur und Grundlagenwissen zur Geschichte der Psychologie finden Sie im Internet, ein sehr wertvoller Link ist *http://www.stangl-taller.at*.

Für die empirisch-experimentelle Forschung sind statistische Grundkenntnisse unerlässlich. Für die Psychologie sind eigene statistische Methoden entwickelt worden. Da *Statistik macchiato* diese Grundkenntnisse sehr unterhaltsam vermittelt, gehen wir in diesem Buch nicht darauf ein.

## Ohne Psychologie geht es nicht

Für Alwin klang das bisher alles hochspannend, denn das war etwas ganz anderes als sein eher trockenes Studium der Wirtschaftswissenschaften gewesen war. Deshalb hatte er es ja auch beendet. Er wollte immer schon wissen, wie er so tickte – und warum. „Kannst du mir sagen, warum ich manchmal so und manchmal anders reagiere? Wie funktioniert der Mensch psychologisch?" Mara musste schmunzeln – die alte Vorstellung der Laien, dass die Psychologie einem helfen kann – der „gesunde Menschenverstand" wird herangezogen, den ja alle haben. Aber Psychologie anwenden heißt, mehr als den gesunden Menschenverstand zu gebrauchen.

Ganz so einfach ist es nämlich nicht. Der psychologische **Laie** geht von seinen individuellen Erfahrungen aus und verallgemeinert diese, subjektive Befindlichkeiten werden hier auf andere übertragen und zur Regel erklärt. Man möchte sich selbst helfen und sich besser kennen lernen, doch das **Erkenntnisinteresse** eines **Experten**, der wissenschaftlich vorgeht, ist ein anderes. Die psychischen Phänomene werden diagnostiziert, gemessen, verglichen und erst dann werden **Rückschlüsse** auf Gemeinsamkeiten und Unterschiede gezogen. So ist für einen Experten eine Angst vor großen Tieren erst dann nicht mehr der Norm entsprechend, wenn bestimmte Faktoren (wie Dauer, Symptome oder Beeinträchtigung im Leben) zutreffen. Für den Laien mag es jedoch normal sein, vor großen Hunden immer Angst zu haben, so dass sie es auch ihren Kindern vorleben und beibringen.

Was Schülerinnen und Schüler sich vorstellen und welche Motive sie haben, Psychologie zu lernen, finden Sie im Internet. Sie können sich mit anderen Schülerinnen und Schülern vergleichen.

Natürlich beschäftigt sich die Psychologie mit diesen individuellen Vorstellungen (**Heuristiken**). Die Psychologie ist deswegen auch ein **wissenschaftsübergreifendes Fach**. Viele klassische Wissenschaften wie die Mathematik (besonders die Statistik), die Biologie, die Medizin oder die Philosophie, finden sich inhaltlich und methodisch in ihr wieder. Vor allem jedoch die neueren Arbeitsfelder wie die Neurowissenschaften, die Verhaltenswissenschaften, die Kognitionswissenschaften oder gar die Medienpsychologie und das „Psychomarketing" bedienen sich ihrer Möglichkeiten. Auch in der Medizin setzt man psychologisch ausgebildete Fachleute ein, um **psychosomatische Erkrankungen** zu bekämpfen. Die **Vernetzung** dieser Anwendungsbereiche macht die Psychologie zu einer der interessantesten und aufschlussreichsten Wissenschaften, was die hohen Zahlen von Studienanfängern jährlich belegen.

Generell kann man sagen, dass die individuellen seelischen Funktionen und Kräfte zusammen spielen, und wir können lernen, mittels der Forschungsergebnisse ihr Zusammenspiel besser zu steuern.

Psychologie ist die Wissenschaft vom **Verhalten** und **Erleben** von Lebewesen, sofern sie Vorstellungsfähigkeit haben.

Sie ist als Subdisziplin in der Philosophie entstanden, will **Naturwissenschaft** sein und ist ohne geisteswissenschaftliche **Deutungsregeln** nicht verstehbar.

Psychologie gründet auf **Beobachtungen** und **Erfahrungen**, die dokumentiert wurden und werden, und die man an der empirischen Wirklichkeit überprüfen kann.

Wie der Mensch eine Geschichte seiner Entwicklung hat, so auch die Psychologie: Ihre **Ideengeschichte** wird in jeder Menschheitsepoche oder auch Forschungsepoche weiter geschrieben, verändert.

Alle vermuteten oder gefundenen Gesetzmäßigkeiten menschlichen Handelns müssen dem Prinzip der Folgerichtigkeit entsprechen. Auch Vorstellungen von Menschen sind real – sie sind **psychische Wirklichkeiten** (C.G. Jung)

**Psychologisches Forschen** ist eingebettet in viele Wissenschaften und lebt von deren Erkenntnissen. Dafür gibt die Psychologie Erkenntnisse an sie zurück, um neue Fragen zu stellen (Netzwerk der Wissenschaften in Natur und Technik).

# Wie kommt die Welt in meinen Kopf?

2

# Psychologie der Wahrnehmung

## Wie kommt die Welt in meinen Kopf?

**Wahrnehmung** ist ein komplexer, konstant stattfindender Prozess. Informationen mit unterschiedlichen **Qualitäten** werden permanent über die Sinnesorgane aufgenommen, neuronal verarbeitet und bei bestimmten Bedingungen auch gespeichert. Emotionen und Handeln werden von Wahrnehmungsprozessen beeinflusst und umgekehrt hat unser Handeln Einfluss auf die sinnliche Wahrnehmung.

Eine **Funktion** von Wahrnehmung ist, uns über die Umwelt und ihre Eigenschaften zu informieren, so dass ein Überleben im jeweiligen Kontext gesichert ist. Des Weiteren müssen wir in dieser Umwelt agieren und die erlebten Reaktionen wiederum aufnehmen, verarbeiten und bewerten. Da schließt sich der Kreis. So kann ein Innuit eine Vielzahl von Qualitäten von Schnee unterscheiden, die für sein Handeln wichtig sind (z.B. Jagen), die ein Mitteleuropäer nicht kennt, geschweige denn unterscheiden kann.

Unsere Sinne und die dazugehörenden Sinnesorgane sind der Schlüssel zum Verständnis dieses vernetzten Prozesses. Klassisch werden fünf Sinne benannt **(Sehen, Hören, Riechen, Tasten, Schmecken)**, doch auch das Schmerzempfinden, der Gleichgewichtssinn und das vestibuläre Druckempfinden werden heute in diesem Zusammenhang genannt. Schätzungsweise 80% unserer Informationsaufnahme geschieht über die **visuelle Wahrnehmung**, sie steht hier deshalb zunächst im Vordergrund.

## Wir sehen, was wir sehen wollen

Wie kommt es, dass der eine auf dem Bild eine alte Frau sieht und der andere eine junge Frau? Oder kann man beides sehen? Solche **Kippbilder** spielten in der Forschung eine große Rolle. Rational betrachtet kann man selbst bestimmen, was man in dem Bild sehen will: Das rechte Auge der „Alten" ist das linke Ohr der „Jungen", die ihren Kopf nach rechts gewendet hat. Die Nase der „Alten" ist das Kinn der „Jungen" und der zahnlose Mund der „Alten" ist die Halskette der „Jungen".

Mara zeigte Alwin dieses Prinzip. „Du musst genau hinsehen!" hatte ihre Mutter immer gesagt, als sie noch ein kleines Kind war. Schmerzlich war ihre erste „Treppenerfahrung" gewesen, als sie noch nicht Tiefen und Höhen unterscheiden konnte. Wahrscheinlich hatten ihre „Fallträume" ihre Ursache darin, als sie zum ersten Mal heimlich aus dem Zimmer auf den Flur gekrabbelt und die drei Stufen am Treppenabsatz hinuntergefallen war.

„Als Psychologin weiß ich heute, dass man das Tiefensehen erst erlernen muss. Und das ist überlebenswichtig. Die Sinne müssen geschult werden. Sinneserfahrungen kann man nicht nur machen, man kann sie auch steuern. Und das Steuern der Sinnesorgane kann man lernen. Wie ist das mit dir, Alwin?" Mara zeigt auf den rechteckigen, farbigen Pappkarton, der einige symmetrische Linien aufwies.

Klar, es war eine zweidimensionale Figur; die weißen Linien standen in einer besonderen Beziehung zu dem Ganzen. Je zwei waren parallel.

Eigentlich waren aber mehrere Figuren zu sehen: Ein zweites kleineres Rechteck, jeweils zwei gleiche Trapeze. Wenn man es genauer betrachtet, forderte sie Alwin auf, verändert sich das Bild, oder? Alwin schaut sie fragend an, denn für ihn war die Sache klar:

Wir können selbst bestimmen, ob das eine zwei- oder dreidimensionale Abbildung ist. Wenn wir **wollen**, dass sie dreidimensional ist, kann sich

- das innere Rechteck in die Tiefe des Raums versetzen (wie bei einem Guckkasten oder einer Bühne),
- das innere Rechteck nach vorn und damit „nach oben", als Deckel sozusagen, versetzen,
- das innere Rechteck von links „oben" (also etwas erhöht) nach rechts „unten" versetzen.
- Wir können also selbst **virtuelle Wirklichkeiten** schaffen, die den Gesetzen der Physik scheinbar entgegenstehen.

Physikalische Gesetzmäßigkeiten hin oder her: Für die Wahrnehmung gilt, dass es die uns umgebenden oder beeinflussenden Faktoren sind, die solche Täuschungen unserer Sinne verursachen.

Darüber wollte Alwin mehr erfahren. So stöberte er in Maras Skript zum Thema Wahrnehmung und fand rasch den spannendsten Teil.

### Fehler bei der Wahrnehmung

Der Prozess der Wahrnehmung funktioniert nicht objektiv und immer gleich. Häufig kommt es zu Fehlern: Wahrnehmungstäuschungen beginnen mit den **Sinnestäuschungen**, denn am Anfang aller Wahrnehmung stehen die Sinne und die entsprechenden Sinnesorgane. Sinnestäuschungen entstehen, weil unsere bewussten Erlebnisse von der objektiv gegebenen oder angetroffenen Wirklichkeit abweichen und das „Erlebte" passend gemacht wird. Dafür sorgt unser Bewusstsein. Die bekannteste und im Alltag am meisten anzutreffende Gruppe von Wahrnehmungstäuschungen sind die **geometrisch-optischen Täuschungen**.

Hierzu gehören die Müller-Lyer-Täuschung, die Ponzo-Täuschung oder die Titchener- Täuschung. Die Kontext-Täuschungen beeinflussen durch die Umgebung (Kontext) eines Reizes (bei Müller-Lyer ist es eine Gerade) deren wahrgenommene Länge.

Ist man für diese Täuschungen besonders anfällig? Studien haben nachweisen können, dass Menschen in Kulturen, in denen der rechte Winkel (Häuserbau) eine dominante Rolle spielt, eher solchen optischen Täuschungen unterliegen als andere. Das lässt vermuten, dass es kulturelle Einflüsse auf unsere Wahrnehmung gibt.

Die **Wahrnehmungstäuschungen** haben eine funktionale Bedeutung für den Alltag: Die Sinnesorgane helfen als Instrumente, Reize und Reizveränderungen aus der Außenwelt aufzunehmen und in das Gehirn weiterzuleiten, wo sie zu Eindrücken und Vorstellungen transformiert werden. Dadurch ermöglichen die Täuschungen eine realistischere Wahrnehmung der Umwelt. Damit kann auch der Organismus sich besser und leichter anpassen.

**Hermann von Helmholtz** hat bereits 1866 Versuche mit Prismen und Brillengläsern gemacht. Stratton untersuchte 1897 die Frage, wie es dazu kommt, dass wir trotz des umgekehrten Bilds auf unserer Netzhaut die Wirklichkeit aufrecht sehen. Wenn man die **Umkehrbrille** im Test aufsetzt, stellt sich recht schnell nach der Wahrnehmung des Reizes wieder das Aufrechtsehen ein. Gemessen werden Reaktionszeiten und Konstanzzeiten (wie lange die umgekehrte Wahrnehmung erhalten bleibt).

## Raum und Tiefe

Wie kommt es, dass wir auf einer zweidimensionalen Fläche die **Tiefe** des Raums, die Vorstellung der **dritten Dimension**, erzeugen können, obwohl die Netzhäute der beiden Augen zweidimensional sind? Die Wahrnehmung – hier das Sehen – macht es offensichtlich möglich, mit Hilfe zweidimensional operierender Empfangsorgane eine dreidimensionale Welt zu konstruieren, die außerhalb von uns tatsächlich existiert.

Wir konstruieren uns eine Wirklichkeit, aber das Anpassen hat seine Grenzen, wie wir im folgenden Bild sehen:

Die fünf Hasen sind gleich groß. Nur durch die perspektivischen Linien, die sich rechts und damit „hinten im Raum" treffen, sehen wir die „hinteren" Hasen größer.

Um diese komplexen Prozesse zu verstehen, muss man sie in einzelne Schritte unterteilen. Bei der **Wahrnehmungsanalyse** (Elementarisierung, ein zerlegender Prozess eines Ganzen in seine Elemente) ergibt sich so für den Wahrnehmenden ein völlig neues anschauliches Sein. Dies kann ich fortführen und weitere Vorstellungen (Assoziationen) kreieren, die alle in dem ursprünglich gegebenen anschaulichen Sein, dem anschaulich Gegebenen, enthalten sind. Diese Vorstellungen werden damit zum anschaulichen Schein. Zwischen dem anschaulichen Sein und dem anschaulichen Schein (nach **Wolfgang Metzger**) gibt es qualitative oder graduelle Unterschiede, die man unter den fünf Kategorien (Sinne) der Wirklichkeit (oder Qualitätsstufen) zusammenfassen kann.

Ein Beispiel finden Sie im Kapitel *Praktische Psychologie*.

Diese fünf wirklichen Wirklichkeiten, die vorstellbar und erlebbar sind nach Metzger, weitere Beispiele von Täuschungen sowie eine Anleitung zur dreidimensionalen Wahrnehmung einer zweidimensionalen Vorlage (die dritte Dimension kann selbst gezeichnet werden!) finden Sie im Internet.

## Sinnespsychologie

Eine der ältesten und am weitesten fortgeschrittenen Teildisziplinen der modernen Psychologie war und ist die **Sinnespsychologie**. Sie entsprach dem naturwissenschaftlichen Forschen am ehesten, konnte man doch mit naturwissenschaftlichen Messmethoden der Physik und Mathematik ihre elementaren Erscheinungsformen am präzisesten nachweisen: Es wurden **Reizschwellen** untersucht. So ist z.B. Kerzenlicht in klarer, dunkler Nacht bis etwa 45 km Entfernung sichtbar und das Ticken einer Armbanduhr ist in etwa 6 m Entfernung noch hörbar.

Die **Sinnespsychologie** untersucht **Qualität** und **Quantität** von individuellen Erlebnissen, die auf dem Zusammenwirken unserer verschiedenen Sinne beruhen. Mit diesen Forschungen wurde der **naturwissenschaftliche Standpunkt** der Psychologie begründet. Doch die herkömmlichen fünf Sinne Sehen, Hören, Riechen, Schmecken und Tasten, die auf die Außenwelt gerichtet sind, um interagieren zu können, reichen nicht aus: Wir können auch Signale unserer inneren Welt wahrnehmen. Wenn wir in unseren Körper „hineinschauen“ oder „hineinhören“ (**Introspektion**), dann fühlen wir etwas: Wie wir unsere Hände halten, wohin unsere Füße zeigen, ob der Kopf geneigt ist, ob die Ohren warm oder kalt sind, ob wir erröten.

Verschiedene Schmerzen und Bedürfnisse „melden" sich, so dass wir eine Vorstellung davon haben, dass in unserem Körper etwas passiert. Aus diesen mehr oder weniger komplexen **Sinnesempfindungen**, die wir mit unseren Erfahrungen verknüpfen (assoziieren) können, entwickeln wir unsere Vorstellungen und Auffassungen von Gegenständen und Abläufen in der Außen- und Innenwelt. Sinnesempfindungen sind psychische Phänomene, psychische Wirklichkeiten, die real erfahrbar und vorstellbar werden. Das Faszinosum dieser „vorgestellten Wirklichkeit" liegt auf der Hand. Man kann diese Wirklichkeiten selbst konstruieren. Man ist nur abhängig von den Faktoren, die unsere Sinne beeinflussen.

## Wahrnehmung als Prozess

Die Sinnestäuschungen im Alltag waren es, die vor langer Zeit die Wahrnehmungspsychologie begründeten. Als **Wilhelm Wundt** und **William James** vor etwa 140 Jahren die Psychologie aus der Philosophie als eigenständige Wissenschaft herauslösen wollten, kannten sie zwar auch die Wahrnehmungslehren der Philosophie, wollten aber mit neuen Methoden die Sinnestäuschungen ergründen und erklären helfen.

In der Wahrnehmungsforschung wurden viele **Messmethoden** aus der Physik und Mathematik angewendet, um den Sinnesempfindungen auf die Spur zu kommen.

Teilbereiche dieser Forschung waren Gehör-, Geruchs-, Haut- und Gestaltwahrnehmung. Untersuchungen zu Gesichtswahrnehmungen führten unter anderem zum Teilbereich der **sozialen Wahrnehmung** (siehe unten).

Daraus ergaben sich wichtige Erkenntnisse für die **Differentielle Psychologie**, die noch heute eine bedeutende Rolle spielt: Man konnte mehr und mehr die Bedeutung der **psychischen Kräfte** (Gefühle, Bedürfnisse, Volitionen) und der **psychischen Funktionen** (Bewusstsein, Gedächtnis, Lernen, Denken) im Wahrnehmungsprozess erforschen.

Wahrnehmung ist auch ein **Anpassungsprozess**, den man lernen kann. Er muss als ein psychischer Vorgang verstanden werden, der einerseits Grundlage aller psychischen Prozesse ist und andererseits bestimmten Gesetzmäßigkeiten unterworfen ist.

Dabei unterscheidet man Prozesse der äußeren und der inneren Wahrnehmung. Für die Informationen aus unserer Umwelt sind wir mit den **Sinnesorganen** ausgestattet. Die Informationen aus unserem Körper gewinnen wir durch die **sensiblen Systeme** (Schmerzempfinden, Temperaturempfindung, Traumbilder, Introspektion: inneres Bilderleben). Das heißt aber, dass wir **Empfindungen** oder **Sinneseindrücke** haben.

Alwin hatte wissbegierig in dem Manuskript gelesen. Das war so interessant, dass er Raum und Zeit vergessen hatte. Verstohlen schaute er auf die Uhr. „Hast du verstanden, was Wahrnehmung bedeutet?" Mara ging wieder zum Flipchart, „Ja! Unsere Wahrnehmung wird beeinflusst durch ..."

„Mara, was sind denn Gestaltgesetze?" fragte Alwin neugierig, als Mara mit dem Poster am Flipchart fertig war. „Nun, sie sind eine wichtige Grundlage für die Gestaltpsychologie!" Im Manuskript konnten sie weiterlesen.

Wahrnehmungen garantieren in gewisser Weise die Anpassung des Menschen an seine Umwelt, so wie Gesetze den Umgang der Menschen untereinander garantieren sollen. Wahrnehmungen haben demnach wichtige **Funktionen**:

- die Abbildungsvorgänge unserer Umwelt darzustellen,
- die Interaktionen mit Objekten und Subjekten vorzubereiten und
- die Vermittlungsfunktion zwischen Mensch und Umwelt.

Im Wahrnehmungsprozess entsteht also etwas, das anders ist, als unsere Sinne es als Werkzeuge der Wahrnehmung aufnehmen. Manchmal ist es auch mehr, als es die eigentliche Reizvorlage bieten kann.

## Gestaltpsychologie

Der wissenschaftliche Begriff **Gestalt** meint etwas Qualitatives, ein Gesamtbild, das anders ist als die Summe seiner einzelnen Elemente: Gestalt bezeichnet etwas Neues, einen anderen Sinn. **Wertheimer** (1880–1943) formulierte es: „Das Ganze ist verschieden von der Summe seiner Teile". Er beschreibt somit ein grundlegendes Prinzip der Wahrnehmung, die **Emergenz**.

Die Beziehung der einzelnen Bildelemente zueinander gewinnt Gestalt. Der Begriff **Gestalt** ist vielfältig: Es gibt schöne Gestalten, ein Bild nimmt Gestalt an, der hatte eine jämmerliche Gestalt – solche Bewertungen begegnen uns im Alltag. Der deutsche Begriff Gestalt wurde so stark, dass eine ganze Forschungsrichtung der Psychologie, die Gestaltpsychologie, nach ihm benannt wurde und selbst im Englischen dafür eben nur dieser deutsche Begriff verwendet wurde: **Gestalt psychology**.

Dieses **Rasterbild** zeigt es: Betrachtet man die einzelnen Elemente (Pixel), so macht das Bild keinen Sinn. Erst wenn man es weiter von der Retina weghält, ergibt sich ein Bild, dann machen die von der Netzhaut vermittelten und in elektrische Signale umgearbeiteten Informationen an das Gehirn Sinn: Es ist Dag (Fotos im Internet). Ebenso ist ein Akkord ein **emergentes Phänomen**, da der akustische Dreiklang anders gehört und wahrgenommen wird als die drei Töne in Einzelabfolge.

## Grundlegende Prinzipien der Wahrnehmung

Die Psychologie stellt sich die Frage, wie wir Gewissheit über die wahrgenommene Welt außerhalb von uns und auch innerhalb von uns gewinnen können. Kann es aber Gewissheit geben, wenn man sich so schnell täuschen lässt?

Es gibt einige Prinzipien aus ganzheitspsychologischer Sicht, die man hier zu Grunde legen kann, um sich dieser Fragestellung zu nähern. Das Prinzip der **Prägnanz** ergibt sich aus den oben genannten emergenten Phänomenen, die menschliche Wahrnehmung bevorzugt „Gestalten", die sich von anderen durch ein bestimmtes Merkmal prägnant abheben. Hierbei erklärt sich auch das **Figur-Grund-Prinzip**, bei dem eine Figur als objektartige Region im Vordergrund und der Grund als Hintergrund, von welchem sich die Figur abhebt, wahrgenommen werden.

**Wahrnehmungskonstanzen** sind ebenso fundamental zur Erklärung von Wahrnehmungsprozessen; dies wird bei visuellen Reizen besonders deutlich. Konstanzen beschreiben die Fähigkeit, ein unveränderliches Perzept eines Objekts trotz Änderungen seines **retinalen Abbilds** aufrechtzuerhalten, d.h., man sieht ein Objekt anders, weiß aber, dass es noch dasselbe ist. Es werden verschiedene Arten von Wahrnehmungskonstanzen unterschieden, wie die Größenkonstanz, die Formkonstanz und die Helligkeitskonstanz.

Man spricht von **Größenkonstanz**, wenn sich ein Mensch von uns entfernt und damit (physikalisch) sein Abbild auf unserer Netzhaut kleiner wird, er aber in unserer Wahrnehmung nicht auch schrumpft.

Auch wenn man eine Frisbee (rund) sieht, die geworfen wird, erscheint sie oval während des Flugs, sollten wir sie jedoch beschreiben, würden wir sagen, sie wäre rund. Dies wird als **Gestaltkonstanz** oder **Formkonstanz** bezeichnet.

Die **Ortskonstanz** bewirkt, dass Objekte und Gegenstände nicht nur physikalisch, sondern auch in unserer erlebten Wirklichkeit an einem Ort bleiben, auch wenn wir sie nicht direkt ansehen, also kein Abbild auf der Retina erzeugen, und als existierend erkennen. Schließlich garantiert die **Helligkeitskonstanz**, dass die Objekte ihre Farbe/Helligkeit in unserer Wahrnehmung erhalten, auch wenn ihr Abbild auf der Retina dunkler wird. So bleibt das rote Lieblingskleid leuchtend rot, selbst wenn es in der Nacht ohne Lichteinstrahlung nahezu keine Farbe hat.

Bei so vielen Konstanten sollte es nicht zu Fehlern in der Wahrnehmung kommen – doch man findet sie immer wieder im Alltag. Zwar können uns Wahrnehmungstäuschungen einerseits in Gefahr bringen (zum Beispiel bei falscher Entfernungseinschätzung), andererseits kann man sie sich zu Nutze machen, man setzt sie sogar bewusst ein (Leuchtreklame, Bandenwerbung im Fußballstadion, Begrenzungslichter, Warnblinkanlagen). Wenn man ihre Gesetzmäßigkeiten genau kennt, kann man leicht einige Tricks aus der Werbung oder auch in Filmen entdecken und verstehen.

## Gesetze, durch die unsere Wahrnehmung Gestalt annimmt

Wahrnehmungen folgen Gesetzmäßigkeiten, die sich nach den ihnen zu Grunde liegenden Strukturen bezeichnen lassen. Sie bilden eine vernetzte Einheit und können kaum ohne den Kontext der anderen Gestaltgesetze gesehen werden. Hier werden die am häufigsten verwendeten anhand ihrer Merkmale differenziert dargestellt.

Das **Gesetz der Nähe** besagt, dass nah beieinander liegende Elemente (mit gleichem Reiz) als zusammengehörend wahrgenommen werden. Das **Gesetz der Ähnlichkeit** wiederum beschreibt die Gruppierung anhand von ähnlichen Elementen, selbst wenn diese sich nicht in unmittelbarer Nachbarschaft befinden. Dies gilt für alle Qualitäten von Objekten wie Form oder Farbe.

Wenn Reize eine Fortführung von vorausgehenden Reizen zu sein scheinen, werden diese ebenso als zusammengehörig wahrgenommen, das **Gesetz der Kontinuität** tritt in Kraft. Ferner wird ein perzeptueller Organisationsprozess mit dem **Gesetz der Geschlossenheit** beschrieben: Unvollständige Figuren und geometrische Objekte werden vollständig wahrgenommen, die fehlenden Informationen werden ergänzt.

Dies war nur ein kleiner Einblick in die weite Welt der Wahrnehmungsgesetze, der Täuschungen und ihrer Entlarvung. Im Internet finden Sie weitere Informationen und Material zu Forschern, zur Ausdruckspsychologie und zu Künstlern wie **M.C. Escher** (Spiel mit Perspektive und Tiefenwahrnehmung). Des Weiteren finden sich Beispiele aus der aktuellen Werbung, anhand derer die Gestaltgesetze visuell nachvollziehbar werden.

INTERNET

Spannend und auch irritierend, fanden Mara und Alwin. „Wahrnehmung von Dingen ist ja das eine“, bemerkte Alwin, „aber wie ist das denn bei Menschen? Ich habe zum Beispiel schon 123 Freunde bei Facebook – wie sehen die mich eigentlich … und: wer ist das alles?“

## Soziale Wahrnehmung – wie nehmen mich andere wahr?

123 Mails und 123 anonyme Freunde

Sommer, Sonne, Sonnenschein und nette Freunde.

Wir lernen oft neue Personen kennen, die wir aufgrund verschiedener Informationen beurteilen und bewerten. Vielfach sind es jedoch keine echten Informationen, keine „harten Fakten", die wir über jemanden bekommen, sondern nur angenommene Handlungen oder Äußerungen. Hier spielen viele psychologische Prozesse eine Rolle, die es uns ermöglichen, andere in ihrer Komplexität (Aussehen, Eigenschaften, Eigenheiten) wahrzunehmen.

So wird ein neuer Dozent, der von einem Studierenden den Mitstudenten gegenüber als „streng" bezeichnet wird, anders wahrgenommen, als wenn er mit „empathisch" vorgestellt würde. Die Vorinformationen haben einen Einfluss auf das Bild, das man sich von jemandem macht, man nennt dies den **Halo-Effekt** (Halo = Schein, Strahlen).

Die **Einstellung** (siehe Kapitel *Sozialpsychologie*) spielt eine ebenso große Rolle wie das soziale Umfeld, in dem man sich bewegt und mit dem man interagiert. Daraus folgt: Meine **soziale Situation** prägt nach und nach meine Wahrnehmung. Insofern nehme ich mehr und mehr wahr, dass sich bestimmte Personengruppen so und nicht anders verhalten und diese wiederum mich auch anders wahrnehmen. Man spricht dann von **Selbst- und Fremdwahrnehmung**.

Bei dieser Betrachtungsweise werden zwei grundlegende Forschungsbereiche miteinander vernetzt: die Sozialpsychologie und die Wahrnehmung. In der Psychologie wird dieses Phänomen unter dem Begriff „**Social perception**" zusammengefasst und in Projekten der Sozialpsychologie und der Sozialisationstheorien untersucht.

Soziale Netzwerke, welche mittlerweile über 25% der deutschen Bevölkerung rege nutzen, sind moderne Plattformen sozialer Interaktion und Gegenstand neuerer Forschung. Nicht nur Nachrichten, auch alltägliche Abläufe und Informationen zum „Status" werden ausgetauscht. Die Möglichkeiten der oben beschriebenen Phänomene wie der Halo-Effekt greifen auch hier, des Weiteren werden ggf. **Vorurteile** geschürt, Vermutungen in die Welt gesetzt, ein erster Eindruck von einer Person vermittelt, ohne diese **face-to-face** zu kennen.

Man sollte nicht in die Facebook-Falle geraten und meinen „ich bin so viel wert wie die Anzahl meiner Freunde, die ich habe oder die mir suggerieren, dass ich sie hätte". Soziale Wahrnehmung kann hier auch gefährlich werden, das Individuum stößt an seine Grenzen – Kapazitätsgrenze der Aufnahme von Informationen und der Verarbeitung dieser, aber vor allem der Bewertungsgrenzen der Personen, die hinter den anonymen Informationen stehen.

Den sehr komplexen Themenbereich der sozialen Wahrnehmung kann man ausführlich im Internet recherchieren, dort sind u.a. die **Attributionstheorie** (welche Informationen tragen zu meinem Urteil bei) und die Fehler beim Beurteilen aufgearbeitet.

Zum Schluss dieses Kapitels noch eine Wahrnehmungsüberraschung:

Mara hatte aus einem Sommerurlaub in Chamonix ein Foto besonderer Art mit gebracht ...

Im Internet findet sich die Auflösung dieser eigentlich farblichen Illusion – man kann sie gut mit den im Kapitel beschriebenen Phänomenen der Täuschung von Wahrnehmung erklären. Oder ist es einfach nur Kunst!?

Aufgaben zur Wahrnehmungstäuschung, zu den Gestaltgesetzen und Wahrnehmungspsychologie in der Werbung finden Sie im Kapitel *Praktische Psychologie*

Wahrnehmung ist ein komplexer Prozess. Über die **Sinnesorgane** werden Qualitäten von Objekten der Umwelt erfasst, die im Gehirn verarbeitet werden und zu **Empfindungen** führen.

Die Sinnesorgane, besonders das Auge, können leicht getäuscht werden. Die Möglichkeit von Täuschungen, wie geometrisch-optische und solche zur **Tiefenwahrnehmung**, wird u.a. in der Werbung eingesetzt.

Die **Sinnespsychologie** war der Ausgangspunkt dieser Forschungsrichtung und ist gleichzeitig die Geburtsstunde der naturwissenschaftlichen Perspektive der Psychologie.

Wahrnehmung erfolgt nach bestimmten konstanten **Prinzipien**, grundlegend nehmen wir ein Ganzes wahr, welches etwas anderes ist als seine einzelnen Bestandteile.

Ferner können **Gestaltgesetze** bei der Erklärung von Wahrnehmungsphänomenen helfen: Nähe, Ähnlichkeit und Geschlossenheit sind die häufigsten **Strukturmerkmale**.

**Soziale Wahrnehmung** unterliegt ebenfalls Gesetzen wie Täuschungen – man hat **Vor-Urteile**, bildet sich rasch einen ersten Eindruck. Erlebt man seine sozialen Kontakte online, birgt die Anonymität auch Gefahren.

# Kein Meister fällt vom Himmel

3

# Psychologie des Lernens

**Kein Meister fällt vom Himmel**

Mara hatte Alwin eine richtige Nuss zu knacken gegeben. Bei vielen erfolglosen Versuchen kam er richtig ins Schwitzen. Auch ihr Hinweis, dass man beim Lernen den Horizont verschieben müsse, half ihm nicht weiter. Mara: Wenn man die Bedingungen der Aufgabe (Reizkonfiguration, Struktur, Elemente und ihre Zusammenhänge) erkennt, findet man in der Regel die Lösung schneller. Deshalb ist die Lösung im Kapitel *Praktische Psychologie* zu finden. Alwin musste also lernen, welche Bedeutung all die abstrakten Begriffe hatten.

## Alltagserfahrungen

Lernen ist eine der wichtigsten Funktionen, die dem Menschen helfen, das Leben zu bewältigen. Lernen ist unser Handwerkszeug, um Herausforderungen zu meistern. Es gilt auch nicht mehr der Satz unserer Großeltern: „Was Hänschen nicht lernt, lernt Hans nimmermehr." Man sollte sich auch nicht täuschen lassen, wenn andere sagen: „Der hat's. Der kann es eben!" Lernen ist lebenslang möglich. **Lernen ist lernbar**.

Warum aber lernt der eine oder die andere leichter und schneller? Warum kann ich mir die Vokabeln so schlecht merken? Und dann: Immer wieder dieselben Fehler. Wer kennt nicht diese Sorgen und Ängste, die wir als Schülerinnen und Schüler nur allzu oft hatten? Übrigens: Das gilt jetzt schon, obwohl wir gerade erst am Anfang dieses Kapitels stehen: Ein wirklich guter Lehrer ist als Prüfer immer mit im Boot, wenn er die richtigen Fragen formulieren kann und mitfühlt, wenn der Prüfling „schwitzt".

## Experimente und Lerntheorien

Lernvorgänge in Theorie (wie **Lernbedingungen**) und Praxis (wie **Lerntests**) sind das zentrale Forschungsfeld der Lernpsychologie, sie ist eine der ältesten Forschungsdisziplinen der modernen Psychologie. Einige Ansätze und Theorien werden in diesem Kapitel exemplarisch erläutert.

Über wichtige Lernexperimente und zu weiteren Details der lernpsychologischen Forschung finden Sie zahlreiche Dokumente im Internet.

### Lernen durch Üben

Lange galt der Lerndreiklang „Vormachen – Nachmachen – Üben". Die Übungs- und Wiederholungstheorie war Anlass für viele Tierexperimente. **Edward Lee Thorndike** (1874–1949) experimentierte mit Katzen, die er in einen Käfig sperrte, aus dem sie sich selbst befreien konnten. Er entwickelte eine Theorie zur Assoziationsfähigkeit von Tieren, die er „**Lernen durch Versuch und Irrtum**" (trial and error) nannte. Er war sich schon 1901 relativ sicher, dass sich Übung lohnen müsse: „Übung macht den Meister!“ Thorndike entwickelte die Theorie der Übungsübertragung, was man heute als **Transfer** bezeichnet. Er war der Ansicht,

dass das Üben oder Lernen einer Aufgabe zu einem weiterführenden Lerneffekt für eine andere Aufgabenstellung führen kann. **Transfer** bedeutet demnach die Anwendung gelernten Wissens oder gelernter Fertigkeiten in neuen Situationen, welche beim Erlernen der ursprünglichen Aufgabe nicht vorgekommen sind. Daraus ergeben sich weitere Konsequenzen für effektives Lernen: Die **Übungsübertragung** wird durch das wirksam, was an gemeinsamen Anforderungen in verschiedenen Situationen erkannt wird und je mehr nützliche **Verknüpfungen** man aktivieren kann.

## Lernen durch Einsicht

Einen anderen, erweiterten Ansatz verfolgte **Wolfgang Köhler** (1887–1967). Er entwickelte bereits 1917 durch Beobachtungen in seiner Affenstation auf Teneriffa die Idee, dass Menschenaffen und Menschen beim Lernen ähnlich „ticken“. Die Ergebnisse ließen annehmen, dass Menschenaffen **Werkzeugdenken** und **Einsichtsfähigkeit** entwickeln können.

Dieser Ansatz erweiterte den Blick der behavioristischen Erklärung auf die kognitive Komponente von Lernprozessen. Demnach wird Lernen nicht als bloßes Aufnehmen, Speichern und Abrufen von Stimuli oder Reizvorlagen verstanden, sondern auch mit den Möglichkeiten, die Denkprozesse bieten, verbunden. Informationen können zum Beispiel vernetzt, erweitert oder verändert werden; Kreativität und Motivation werden ebenfalls zur Erklärung von effektivem Lernen herangezogen.

### Lernen durch Konditionierung

Kann man aber wirklich nur durch solche Verbindungen oder Verknüpfungen (= Assoziationen, assoziieren, einen Begriff mit einer Vorstellung verbinden) besser lernen? Noch grundlegender arbeitete etwa zur gleichen Zeit der russische Physiologe **Iwan Petrowitsch Pawlow** (1849–1936).

Der Physiologe und Neurologe wollte wissen, ob es Verhaltensänderungen geben könnte ohne eine **intervenierende Variable**. Bei seinen Untersuchungen zur Bedeutung des **bedingten Reflexes** bei Hunden machte er wegweisende Entdeckungen zur Magenkontraktion. Doch für die Lernpsychologie wurde er wichtig, weil er damit, eher zufällig, eine Methodik der **Klassischen Konditionierung** entwarf. Er stellte fest, dass die Hunde im Labor bereits Speichelfluss hatten, bevor sie das Futter sahen oder rochen. Nur die Schritte der Assistenten reichten

bereits aus, um den Reflex des Speichelflusses auszulösen. Daraufhin entwarf er verschiedene Experimente, in denen er den Speichelfluss mit neutralen Stimuli (Glocke, Licht) koppelte.

Pawlows Entdeckungen beeinflussten die neu entstandene, naturwissenschaftlich orientierte Verhaltensforschung des **Behaviorismus**. Das Grundmodell des Behaviorismus geht von zwei Variablen aus: Gemäß den strikten Regeln für ein Experiment soll der Versuchsleiter unabhängig von anderen Faktoren messbare Variablen bestimmen. Diese Variablen nennt man **Stimuli** (Reize), kurz: S, die in einem Versuchsplan festgelegt werden. Das im Experiment beobachtbare Verhalten soll messbar sein: die abhängig messbaren Variablen, die durch die Reaktion auf die Reizsituation auftreten, kurz: R genannt. Es interessiert den Behavioristen nicht, was zwischen diesen beiden Variablen im Gehirn passiert. Man nennt es das **Black-Box-Modell**.

Fast parallel zu Pawlow experimentierte **Watson** (1920) in den USA zum klassischen Konditionieren. Auch er verknüpfte einen neutralen Stimulus mit einem unbedingten Reflex, er lernte einem zehn Monate alten Kleinkind eine Furcht vor Ratten an. Zunächst testete er die Reaktion auf Ratten, es zeigte sich, dass die Ratte ein neutraler Reiz für den Jungen war, dem er mit einer neutralen Reaktion (Neugier) begegnete. Das laute Geräusch des Schlagens einer Eisenstange (unbedingter Reiz) rief eine unbedingte Reaktion hervor (Angst, Weinen). Im folgenden Schritt wurde das Darbieten der Ratte mit dem Geräusch gekoppelt und Albert weinte bereits nach sieben Wiederholungen beim bloßen Anblick der Ratte. Der neutrale Stimulus wurde so zum konditionierten Stimulus.

Obwohl dieses Experiment gemeinhin zu den Klassikern des Behaviorismus gehört, ist es nicht nur wegen seiner zweifelhaften ethischen Dimension kritisiert worden. Auch aus Gründen der **Methodologie** (Quantifizierung und systematische Kontrolle der Variablen) steht das Experiment in der Kritik vieler Wissenschaftler.

## Lernen durch sinnvolle Verknüpfung

Eine der wichtigsten Komponenten menschlichen Lernens ist das Auswendiglernen. **Hermann Ebbinghaus** (1850–1909) ist Mitbegründer der **experimentellen Psychologie**. Als Professor in Breslau und später in Halle/Saale hatte er zunächst Selbstversuche gemacht. Kann man eigentlich, so fragte er sich, sinnloses Material genauso gut lernen wie sinnvolles, also zusammengehörendes Material? Er konstruierte deshalb sogenannte **sinnfreie Silben** (z.B. BUP, POC), die dem wissenschaftlichen Kriterium der Objektivität entsprechen und eben deshalb möglichst neutral sein sollten. Eine Reihe von ihnen lernte er für sein Experiment auswendig. Er achtete aber auch darauf, dass er

- immer gut ausgeruht war (Vermeidung des Ermüdungseffekts),
- keine Aufregungen (negative Emotionen) hatte,
- immer zu bestimmten Zeiten am Tage übte (Vergleichbarkeit der Bedingungen und Wiederholbarkeit),
- mehrfache Übungsergebnisse festhielt, um Durchschnittsleistungen zu erfassen (Mittelwerte als Richtschnur).

Zu unterschiedlichen Zeitpunkten hat er gemessen, wie viele Silben er noch erinnerte und wiedergeben konnte. In Wiederholungen der Lernergebnisse zeigte sich, dass nach ca. 20 Minuten bereits 40% der Silben vergessen wurden, nach einer Stunde ca. 50% und nach einem Tag schon mehr als 70% nicht mehr erinnert werden konnten.

Für das effektive Lernen ergibt sich daraus, dass zu lernende Inhalte sinnvolle **Verknüpfungen** der einzelnen Elemente miteinander sein sollten, die regelmäßig wiederholt werden. Dieses System findet vor allem beim Fremdsprachenlernen Anwendung. Die **Vergessenskurve** von Ebbinghaus lieferte z.B. die Vorlage für computergestützte Lernprogramme.

Aufgaben zum praktischen Lernen, zum experimentellen Design und zur Erläuterung des Experimentes von Watson finden Sie im Kapitel *Praktische Psychologie*

## Menschliches Lernen nach Gagné

Hier kommt nun ein moderner Lernpsychologe ins Spiel, dem es gelang, die wichtigsten Theorien des Lernens in einen Zusammenhang zu bringen: **Robert Mills Gagné** (1916–2002) war amerikanischer Behaviorist, aber auch Pädagoge. Er war wie andere Lernforscher mit den behavioristischen Lerntheorien nicht zufrieden. Den Versuchen von Pawlow (mit Hunden), Thorndike (mit Katzen) und Watson fehlte überwiegend die Übertragbarkeit auf praktisches menschliches Lernen. Da Lernen zunehmend mit Bewusstseinsbildung und selbst kontrolliertem Gedächtnis einhergeht, müsse man das „Black-Box-Modell" überwinden, um die inneren Bedingungen im Menschen besser erforschen zu können. Gagné brachte die wichtigsten Lernarten in eine hierarchische Ordnung und entwarf ein Stufenkonzept, auf dessen höchster Stufe das Problemlösen steht.

Menschliches Lernen gelingt Gagné zufolge am besten, wenn man die äußeren Bedingungen berücksichtigt. Dies bedeutet

- **Aufmerksamkeit** zu wecken,
- **Lernziele** zu verdeutlichen,
- **Vorwissen** zu akzeptieren,
- **Lernmaterial** zur Verfügung zu stellen,
- **Lernanleitungen** zu geben,
- **Verhalten** ausführen zu lassen,
- **Rückmeldung** zu geben,
- **Leistung** zu beurteilen und
- **Transfer** zu fördern.

Diese äußeren Bedingungen gelten für alle Stufen, auch beim Lösen von komplizierten Problemen.

Mara war überrascht: Wie hatte Alwin so schnell die Lösung gefunden? Offensichtlich hatte er die Aufgabe gleich durchschaut. Sie erinnerte sich an Prof. Ustads Hinweis, dass Lernen lernen schrittweise erfolgt, also musste man auch schrittweise zum Problemlösen gelangen können …

### Erste Stufe: Lernen durch starke Signale

Diese Lernart geht auf die klassische Konditionierung von Iwan Pawlow zurück:

- Die Verbindung eines unkonditionierten Reizes mit einem konditionierten Reiz löst eine konditionierte (bedingte) Reaktion aus.
- Reaktionen sind diffus und emotionaler Art, sie sind also nicht willentlich kontrolliert.

### Zweite Stufe: Lernen durch operantes Konditionieren

Der Lernende erwirbt eine präzise Reaktion auf einen genau zu unterscheidenden Reiz. Diese Zusammenhänge wurden von **Burrhus Frederic Skinner** (1904–1990) erforscht. Dabei geht es um die Frage, wie man Verhalten kontrollieren und gewünschte Verhaltensänderungen zuverlässig und auf Dauer herbeiführen kann.

Operantes Konditionieren gelingt am besten, wenn **Hinweisreize** (diskriminative Reize) bestimmte Konsequenzen herbeiführen. **Positive Verstärker** (angenehme Konsequenzen) unterstützen das gewünschte Verhalten, **negative Verstärker** (aversive Reize) führen zu einem Verhalten, das die unangenehmen Konsequenzen zu vermeiden hilft. Bleiben Verstärkungen aus, wird das Auftreten des Verhaltens geringer – man spricht von Löschung. Bei Bestrafung folgt immer ein **aversiver Reiz** (negative Konsequenz) – das Verhalten wird vermieden.

Bei der Verstärkung geht es darum, die Auftretenswahrscheinlichkeit des erwünschten Verhaltens zu erhöhen, hier gibt es zwei Möglichkeiten:

- ein positives Ereignis trifft ein ⇒ „**positive Verstärkung**" (wie Lob, Geld oder eine begehrte Süßigkeit)

- ein negativer Zustand hört auf ⇒ „**negative Verstärkung**" (wie das Geräusch im Auto, wenn man nicht angeschnallt ist oder das „Blitzen")

Wenn man ein bestimmtes Verhalten nicht unterstützen und dieses unerwünschte Verhalten in seiner Auftretenswahrscheinlichkeit mindern möchte, so kann man drei verschiedene Prozesse einleiten:

- ein negatives Ereignis trifft ein ⇒ „**direkte Bestrafung**" (wie eine Ohrfeige oder ein Knöllchen beim Falschparken)

oder

- ein positiver Reiz wird entzogen ⇒ „**indirekte Bestrafung**" (wie Fernsehverbot oder Taschengeldentzug) oder
- das gezeigte Verhalten bleibt ohne Konsequenz ⇒ „**Löschung**" (Ignorieren von Fehlverhalten, keine Aufmerksamkeit schenken).

Der Erfolg von Bestrafung ist insbesondere in der Kindererziehung stark umstritten, da es sich oft nur um temporäre Verhaltensänderungen handelt, Angst entwickelt werden kann oder eine Situation nur vermieden wird, anstatt Verhalten zu ändern.

Die behavioristischen Grundkonzepte des klassischen und des operanten Konditionierens werden im Internet anhand von Schaubildern und Beispielen einander gegenübergestellt. Des Weiteren finden sich Links zu den klassischen Experimenten von Pawlow, Watson (klassisches Konditionieren) und Skinner (operantes/instrumentelles Konditionieren).

### Dritte Stufe: Lernen durch Verknüpfung von motorischen Ketten

Ähnlich wie bei Dag ist es auch bei den Menschen und da Alwin sich auf das Campussportfest vorbereitete, hatte Mara sich als Mentaltrainerin angeboten. Beim Weitsprung sollte er die einzelnen motorischen Ketten durch mentales Training zu einer Einheit verschmelzen.

Die Glieder einer Kette können immer wieder trainiert werden – bis sie „sitzen", es findet eine mentale Verstärkung durch die Vorstellung eines optimalen Ablaufs statt. Auch hier ist Wiederholung von großer Bedeutung, so werden die einzelnen Schritte nachhaltig miteinander verknüpft.

### Vierte Stufe: Sprachliche Ketten lernen

Das Erlernen sprachlicher Ketten begegnet uns in jedem Sprachunterricht. Ein einzelner Satz aus Subjekt, Prädikat und Objekt repräsentiert eine solche Kette. Dazu muss zuvor jedes Glied dieser Kette gelernt worden sein, um es mit den anderen verknüpfen zu können. Die Aussage „runde Gegenstände rollen" setzt voraus, dass die einzelnen Elemente „rund", „Gegenstand" und „rollen" der Person bekannt sind.

Beim Erlernen einer Fremdsprache ist dies besonders wichtig: „Monnaie heißt Geld, wär's trägt, ist Held!" Das Lehnwort aus dem Französischen hierzu ist das deutsche Wort Portemonnaie. Reime, mit Begriffen verknüpfte Gefühle oder Ereignisse sind auch hierbei besonders einprägsam.

**Bei der sinngebenden Schaffung von Wort- und Satzverbindungen spielen vermittelnde Glieder eine große Rolle. Die vermittelnden Glieder sollten anschauliche Vorstellungen oder angenehme Gefühle repräsentieren, die für den Lernenden eine sinnvolle Bedeutung haben.**

### Fünfte Stufe: Lernen durch Unterscheidung (Diskrimination)

Man spricht hier von multipler Diskrimination, wenn man Gleichheit und Verschiedenheiten von Objekten benennen kann. Der Grad der Unterscheidung ist wichtig, weil man die sich zu sehr ähnelnden Merkmale oder Objekte schneller wieder vergisst, wenn man nicht genügend wiederholt (**Interferenz**). So sehen sich ein Retriever und ein Labrador ähnlicher als ein Retriever und ein Dackel. Letztere kann man also besser unterscheiden. Um die Unterschiede zwischen sich ähnelnden Hunderassen zu memorieren, müssen mehr Informationen gelernt, gespeichert und wieder abgerufen werden.

### Sechste Stufe: Begriffe lernen und Begreifen

Dies ist quasi die Umkehrung der vorherigen Stufe, weil man jetzt nicht die unterscheidenden Merkmale eines Lernobjekts, sondern die Gemeinsamkeiten einer Menge von Reizobjekten identifizieren muss. Begriffe sind **kognitive Werkzeuge**. Sie sind Voraussetzung für Kategorisierungen. Der Lernende ist in der Lage, einheitlich auf eine Kollektion von Reizobjekten als Klasse zu reagieren. Diese Reaktion erweist sich als richtig und kann auf andere ähnliche Sachverhalte ausgedehnt werden.

Ganz entscheidend ist, dass die Begriffsbildung und Anwendung des gelernten Begriffs von gemeinsamen Merkmalen zum Unterscheiden zurückführt. Im Unterscheiden wiederum liegen Chancen, die Bedeutungen auszudehnen und auch zu übertragen. Der Begriff „Kante" kann beispielsweise auf Bett-, Würfel- und Tischkante ausgedehnt, im übertragenen Sinne in Metaphern sogar wieder entdeckt und entschlüsselt werden („auf die hohe Kante legen"):

## Siebte Stufe: Das Lernen von Regeln

Das Lernen von Regeln lässt sich am besten an der Sprachkompetenz verdeutlichen: Die Singularform eines Verbs in einer Vielfalt von Sätzen zu verwenden, ist eine komplexe Lernart, die auf viele zuvor gelernte Begriffe (Satzglieder Subjekt, Prädikat, Objekt, Verben werden zu Prädikaten des Satzes etc.) zurückgreift. Eine Regel ist eine Kette von zwei oder mehr Begriffen, die miteinander in Beziehung gesetzt werden, wobei es sich nicht nur um Worte handeln muss.

Das Lösen von mathematischen Gleichungen zum Beispiel setzt die Regelkenntnis von mathematischen Grundkenntnissen (wie das Einmaleins) voraus. **Regellernen** ist insbesondere eine grundlegende Kompetenz für jede Wissenschaft.

## Achte Stufe: Probleme lösen lernen

Probleme lösen lernen kann man neben dem intuitiven Einfall (Aha-Erlebnis) am besten dadurch, dass man die zur Lösung des Problems erforderlichen Regeln zuvor gelernt und verinnerlicht hat, um die passenden miteinander zu kombinieren. Das gelingt am besten, wenn man sich das Ziel setzt, die gestellte Aufgabe in allen dargebotenen Facetten zu analysieren (**Aufforderungscharakter** der Aufgabe). Die gefundene Lösung (eine Regel höherer Ordnung) ist dann resistenter gegen Vergessen.

Alwin und Mara saßen bei Ustad im Büro, denn er hatte ihnen eine Aufgabe zum Thema Problemlösung gestellt: das „Magische Quadrat". Die Zahlen von 1 bis 9 waren so in die neun Felder einzutragen, dass jede Quersumme (waagrecht und senkrecht) und die beiden Diagonalsummen immer 15 ergaben. Mara überlegte erst, tüftelte und kam auf die Lösung.

Maras Tipp erinnerte ihn, es mussten drei waagrechte Summen gebildet werden, dann wurden die möglichen Zahlenreihen ermittelt und da die 5 in der Mitte steht, waren 4+5+6, 3+5+7, 2+5+8 und 1+5+9 möglich. Mara lobte ihn, denn er musste nur noch alles um die 5 herum so eintragen, dass 6 und 9 und 7, 8 und 9 sich aus dem Weg gingen. Durch die Kenntnis der Summenbildung und durch das Ausschlussverfahren war er mit einer kleinen Hilfe ans Ziel gekommen – den Trick würde er nicht mehr vergessen und auf andere Problemstellungen übertragen!

Gagné leitete mit seiner Sichtweise eine **kognitive Wende** bei der Betrachtung des Lernprozesses ein, seine Ideen spiegelten sich auch in der Curriculum-Entwicklung an Schulen wider. Lernen passiert nicht allein von selbst – es findet unter bestimmten, beobachtbaren Bedingungen statt und steht mit den Ereignissen der Umwelt in engem Zusammenhang, sogar in einer Wechselbeziehung.

### Furcht vor Misserfolg? Erlernte Hilflosigkeit!

Mara erinnerte sich an den Moment in ihrem Leben, in dem sie sich für den Leistungskurs in Psychologie an ihrem Gymnasium entschied: Ihre kleine Schwester war vor den Augen ihrer Mutter drei Stufen einer Treppe runtergestürzt und ihre Mutter stand angesichts des Schreckens wie zur Salzsäule erstarrt, ohne helfend einzugreifen. Mara hörte die Schreie ihrer kleinen Schwester, rannte hin und half ihr. Nachdem der erste Zorn über die Hilflosigkeit ihrer Mutter verraucht war, beschloss Mara, mehr über die Zusammenhänge und Ursachen ihrer hilflosen Mutter zu erfahren – um ihr und sich zu helfen, entschied sie sich für das Fach Psychologie.

Hilflosigkeit ist nicht angeboren, sie wird erlernt. Die ersten experimentellen Untersuchungen wurden von Yerkes & Dodson 1908 durchgeführt. Ihr historisches Experiment wurde von **Seligman** ab 1969 wieder aufgegriffen und insbesondere auch für das menschliche Lernen nutzbringend angewendet. Er fand heraus, dass Menschen wie auch Tiere nach der Erfahrung von Hilf- oder Machtlosigkeit ihr Handeln dahingehend einengen, dass sie diesen, als unangenehm erlebten Zuständen nicht mehr aus dem Weg gehen, obwohl es möglich wäre. Seligman formulierte, dass diese schrecklichen Erlebnisse mit inneren, globalen oder stabilen Faktoren erklärt werden, die das Individuum vermeintlich nicht ändern kann.

Im Falle von Cybermobbing reagieren die meisten Opfer hilflos, da die Faktoren Anonymität, Einbruch in die Privatsphäre und Zugriff für die Öffentlichkeit für den Einzelnen nicht kontrollierbar sind.

Demnach können Reaktionen, die nach dem Gesetz des Effekts erlernt werden, von **angeborenen Mechanismen** verdrängt oder überlagert werden: Fluchtverhalten oder Totstellreflex sind in der Natur überlebenswichtige Reaktionen. Hilflosigkeit wird erlernt, wenn man wiederholt Schmerzreize (**aversive Reize**) weder vermeiden noch abstellen kann, weil die Ursache subjektiv als nicht veränderbar erlebt wird.

Dies lässt sich auf die Leistungsmotivation von Lernenden übertragen: **Heckhausen** und Mitarbeiter haben belegen können, dass misserfolgsorientierte Kinder aus einem Tableau von drei Schwierigkeitsgraden sich solche Aufgaben aussuchen, die sie entweder gar nicht lösen können, oder solche, die eben „kinderleicht" sind. Furcht vor Misserfolg wird in der Regel schon vor dem ersten Schuljahr deutlich. Erfolg-orientierte Kinder lernen sehr früh (auch in ihrer Umgebung), solche Aufgaben lösen zu wollen, für die sich die Anstrengung lohnt. Sie haben ein Fähigkeitsselbstkonzept entwickelt, das ihr Vertrauen in sich selbst stärkt. Dazu kommt ein weiterer entscheidender Faktor für ihr erfolgreiches Lernen: Sie können bei einer überfordernden Situation die Unkontrollierbarkeit eines möglichen Misserfolgs erkennen und das mögliche Scheitern damit vermeiden.

Der entscheidende Punkt bei erlernter Hilflosigkeit liegt dann darin begründet, dass eine Person die Unkontrollierbarkeit eines Ereignisses einer stabilen Ursache zuschreibt (Übung und Wiederholung haben sich nicht gelohnt, also brauch ich das auch nicht zu tun oder: Ich hab einfach Prüfungsangst!). Daraus wird der eigene Schluss gezogen: Ich kann die Konsequenzen ja eh nicht beeinflussen – es kommt zu chronischer Misserfolgsbereitschaft.

### Lernen am Modell

Erfolgreiche Menschen weisen auf die Frage, wie sie das alles geschafft haben, auf ihre Vorbilder hin, denen sie nachgeeifert haben. Durch **bewusstes Nachahmen**, aber auch durch Beobachten, lernen wir von anderen (Eltern, Geschwister, Freunde, Lehrer).

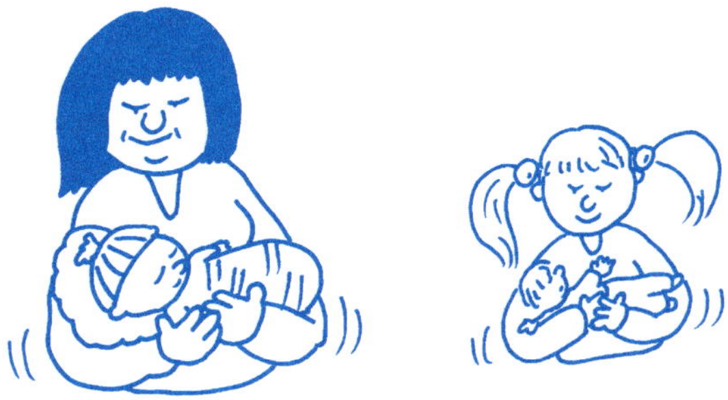

Das ist nicht nur bei positiven Vorbildern der Fall, sondern auch bei schmerzlichen Erlebnissen. Die „Wespen-Phobie" oder die Angst vor Spinnen sind klassische Beispiele: Wir lernen oftmals durch andere, dass man Spinnen mit Ekel betrachtet und anfliegende Wespen schon frühzeitig in die Flucht schlägt. So werden durch Modelllernen Ängste gesteigert und zu **objektbezogener Furchtreaktion** verfestigt. Diese Reaktionen werden dann neurotisch (siehe Kapitel *Persönlichkeit*), wenn von den auslösenden Reizobjekten keine reale Bedrohung ausgeht.

Deshalb wollten **Bandura** und **Walters** wissen, welchen Einfluss direkt erlebte Aggression auf Kinder und Jugendliche hat. Dazu führten sie folgendes Experiment durch:

- Eine Gruppe Kinder erlebte ein reales Aggressionsmodell: heftige Schläge gegen eine Puppe.
- Eine zweite Gruppe sah dieses in einer TV-Übertragung.
- Eine dritte Gruppe sah einen Zeichentrickfilm mit Aggressionen.
- Eine vierte Gruppe beobachtete ein nichtaggressives Modell.

Die Ergebnisse waren insofern überraschend, dass die dritte Gruppe (Zeichentrickfilm) insgesamt eine höhere Aggressionsbereitschaft zeigte als die Gruppe 1. Das filmische **Aggressormodell** lag interessanterweise zwischen der real erlebten Aggression und der Gruppe „Zeichentrickfilm". Die Kinder sahen dort keine Menschen und hatten demnach keine moralischen Bedenken, da sie sich nicht direkt mit einer der gezeigten Gruppen identifizieren konnten. In der TV- Übertragungsbedingung könnte es zu Identifikationskonflikten (Aggressor sah dem Vater ähnlich) gekommen sein. Natürlich zeigte die vierte Gruppe die geringsten Durchschnittszahlen aggressiver Reaktionen. Dies lässt Rückschlüsse auf die gewaltfördernden Mechanismen in unserer Gesellschaft zu und regt zum Nachdenken über Serien wie „Tom und Jerry" oder „South Park" an.

Die zahlreichen Studien zum Entstehen von Aggression und auch Filmdokumente zu *Banduras klassischem Experiment* finden Sie im Internet.

Mara bereitete einen Vortrag über Lernen lernen vor und rekapitulierte ihre Erkenntnisse. Was kann man den Studierenden an praktischen Tipps mitgeben? Nach so viel Hintergrundwissen und Theorie fasste sie die Essentials (wichtigste Informationen) nach dem Motto „KISS" – keep it small and simple – in eine kurze Formel zusammen: 10 x nix = alles!

Wie man individuelle Lernpläne entwirft, um sich optimal auf Prüfungen vorzubereiten, finden Sie im Kapitel *Praktische Psychologie* und im Internet, unter anderem: *http://www.lern-psychologie.de/*.

Die Psychologie unterscheidet Lernen durch **Konditionieren**, Lernen durch Üben, Lernen durch **Einsicht** und Lernen am **Modell**. Auch Hilflosigkeit kann erlernt werden.

Vor allem **behavioristische** und **kognitivistische Modelle** zur Lerntheorie haben die pädagogische Arbeit an Schulen und Universitäten beeinflusst.

Lernen durch Verstärkung erhöht die **Auftretenswahrscheinlichkeit** von erwünschten Verhaltensweisen.

Lernen durch **Löschung** oder **Bestrafung** von nicht erwünschtem Verhalten führt oft zu einer Reduktion dieser Verhaltensweisen.

Wer selbstsicher und erfolgsorientiert lernt, hat durch erhöhte **Motivation** einen größeren Lernerfolg als misserfolgsängstliche Lerner.

Erwachsene sollten sich über ihre **Vorbildrolle** im Klaren sein, Modelllernen spielt im Leben von Kindern eine große Rolle.

# Woher wir kommen – wohin wir gehen

4

# Psychologie der Entwicklung

## Woher wir kommen – wohin wir gehen

Mara musste unbedingt mit der Vorbereitung des Einführungskurses für Entwicklungspsychologie beginnen. In Professor Ustads Archiv stieß sie auf ein interessantes Bild:

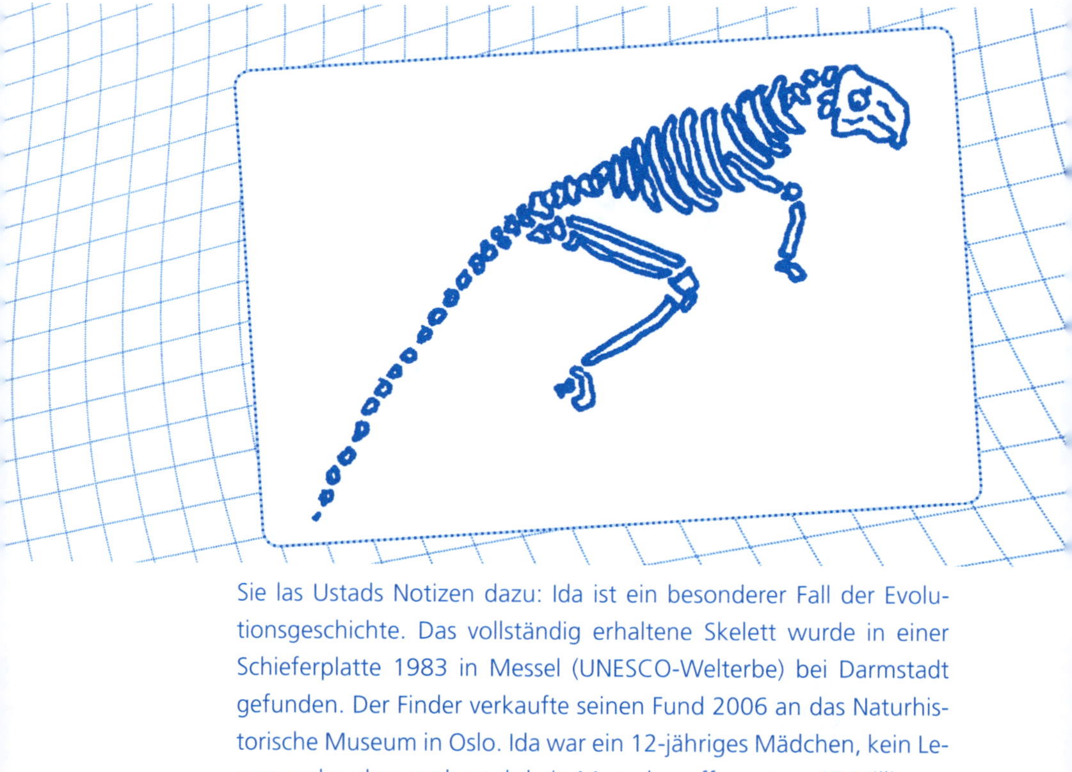

Sie las Ustads Notizen dazu: Ida ist ein besonderer Fall der Evolutionsgeschichte. Das vollständig erhaltene Skelett wurde in einer Schieferplatte 1983 in Messel (UNESCO-Welterbe) bei Darmstadt gefunden. Der Finder verkaufte seinen Fund 2006 an das Naturhistorische Museum in Oslo. Ida war ein 12-jähriges Mädchen, kein Lemur mehr, aber auch noch kein Menschenaffe – etwa 47 Millionen Jahre alt; damals befand sich die heutige Gegend von Frankfurt/Darmstadt auf der Höhe des heutigen Siziliens. Eingehende Untersuchungen haben gezeigt, dass sie Vegetarierin war und – da ihre Hände Frakturen aufweisen – in einen vulkanischen See gestürzt sein musste und darin verendete. Die Sedimentablagerungen taten ihr Übriges und konservierten den Körper samt Mageninhalt über die Zeit. Ida ist damit der älteste Primat, die Urahnin der „Menschenartigen".

Die moderne **Paläoanthropologie** lehrt uns heute, dass die Menschwerdung seit etwa sechs Millionen Jahren anhält. Eine Menschenaffengruppe steigt von den Bäumen herab und entwickelt den aufrechten Gang, verlässt den Schutz des Waldes und dringt in die weite Landschaft der Steppe vor.

Im Internet finden Sie Dokumente und weitere Informationen zu dem „Fall Ida", zur Erdgeschichte, Geotektonik, Menschwerdung in sieben Schritten und zur Menschheitsgeschichte.

## Entwicklung – Motor für die Wissenschaft

In den sechziger und siebziger Jahren des 19. Jahrhunderts wurden die Thesen von der Abstammung des Menschen (**Charles Darwin**) in Deutschland bekannt und lösten einen Sturm der Entrüstung aus. Darwins Buch „Die Abstammung des Menschen und die geschlechtliche Zuchtwahl" wurde zu einer Provokation, Pfarrer und Priester in den christlichen Kirchen verdammten es, da es offensichtlich der Bibel widersprach. Die nächsten Jahrzehnte waren vom **Kulturkampf** geprägt.

Wissenschaftlich aber war das Buch ein Gewinn, denn das „Werden des Menschen", nicht sein plötzliches Auftreten an einem Schöpfungstag, wurde das Paradigma für interdisziplinäre Forschung (Anthropologie, Paläoanthropologie, Biologie, Archäologie, Geologie, Psychologie). Der Jenaer Zoologe **Ernst Haeckel** (1834–1919) wird ein mutiger Verfechter der Abstammungslehre Darwins' und entwirft 1868 das **biogenetische Grundgesetz**, demzufolge Embryonen die Entwicklungsstadien ihrer Art in verkürzter Zeit noch einmal durchlaufen. „Die Ontogenese ist eine verkürzte Rekapitulation der Phylogenese."

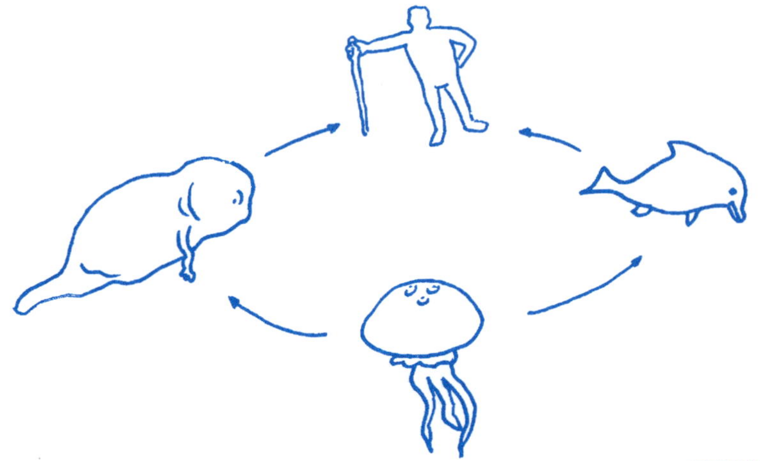

Der Amerikaner **Stanley Hall** (1846–1924) entwirft daraufhin das **psychogenetische Grundgesetz**: Die geistige Entwicklung eines Kindes zeige Stadien oder Stufen, die der Entwicklung der menschlichen Art entsprächen. Zwar war dies kein Gesetz im Sinne naturwissenschaftlicher Gesetze (wie zum Beispiel der freie Fall durch die Erdanziehungskraft), es wurde aber zu einem **heuristischen Prinzip** (Erklärungsmodell), das die neu entstehende Entwicklungspsychologie von Mensch und Tier befruchtete.

## Zwei Erklärungsmodelle

Das erste Erklärungsmodell für die Entwicklung stammt von dem britischen Philosophen **Herbert Spencer** (1820–1903, Principles of Psychology 1855): Entwicklungsphänomene seien in allen Formen des Lebens und der Welt auszumachen. Entwicklung sei ein Prozess von **Integration** verschiedener Funktionen des Organismus zu einem Ganzen und von **Differenzierung** innerhalb dieses Ganzen. Die Dynamik in der Entwicklung entstehe durch die Vererbung der erworbenen Anpassungsfunktionen und das Ablegen des Nichtangepassten. Ererbte Funktionen in reiner Form seien nur die Instinkte, die man im Studium der Tiere in ihrem ursprünglichsten Zustand beobachten könnte. Damit trat Spencer in den Kreis der Wegbereiter einer Vergleichenden Psychologie, aus der die **Kinderpsychologie** hervorging.

Parallel dazu wird aber auch ein anderes Erklärungsmodell in die vergleichende Entwicklungspsychologie eingeführt: die Erforschung der sich im Laufe eines Lebens verändernden Funktionen des **zentralen Nervensystems** und des Gehirns. Die zwei Erklärungsmodelle brachten die Entwicklung der Psychologie als selbstständige Wissenschaft voran. Anfang des 20. Jahrhunderts wird sowohl experimentell-medizinisch-neurologisch, also naturwissenschaftlich- nomothetisch, als auch phänomenologisch beschreibend, also geisteswissenschaftlich-hermeneutisch (idiographisch) geforscht (siehe hierzu das Kapitel *Einführung*).

### Doppelfunktion des Gehirns

In der aufsteigenden Reihe der Säugetiere wächst das Gehirnvolumen von den niederen zu den höheren Arten. Auf ein ursprüngliches Kern- oder Althirn bauen sich Schichten des Neuhirns auf, zu dem immer mehr Nervenbahnen laufen. Gleichzeitig verlagern sich immer mehr Funktionen vom Stammhirn (Althirn) zum Großhirn. Mit **Edinger** spricht man deshalb von der Doppelfunktion des Gehirns:

- Die Hirnrinde wird zum Zentrum geistiger Funktionen und steuert Verstandes- und **Willensakte** (aufnehmende, verarbeitende und impulsgebende Bewusstseinsvorgänge).
- Unterhalb der Hirnrinde liegen die **subkortikalen Bereiche**, die nicht mehr bewusste (vor- oder unbewusste) Vorgänge organisieren.

### Tagebücher und Kinderzeichnungen

Eine ganz andere, aber auch legitime Methode war es, dass insbesondere Psychologenehepaare ihre eigenen Kinder beobachteten und darüber Tagebuch führten. **William** und **Clara Stern** sammelten Materialien zur Kindersprache und suchten nach Hinweisen auf das Durchlaufen bestimmbarer Stufen in der sprachlichen Entwicklung. Eine noch heute aussagekräftige Methode war auch die Beobachtung und Analyse der **Kinderzeichnung**, mit der **Kerschensteiner** (1905) und vor allem **Levinstein** (1905), der in Kinderzeichnungen Parallelen aus der Urgeschichte, Kulturgeschichte und Völkerkunde entdeckte, bekannt wurden.

Im Internet finden Sie Dokumente und Informationen zu den entwicklungspsychologischen Schulen (Bühler, Kroh, Spranger und Stanley Hall).

### Stufen und Krisen

Die Beschreibung von Entwicklungsvorgängen folgte der Auffassung, dass sich Entwicklung in Stufen vollziehe. Beschrieben wurden Leistungen und deren Veränderungen im motorischen, kognitiven und affektiv-emotionalen Bereich (**Prinzip der Stufenabfolge**). Es zeigten sich aber bei den Übergängen von einer zur anderen Stufe oftmals **krisenhafte Phasen**. Die kennen wir aus eigenem Erleben nur zu gut, wenn wir an unsere Pubertät denken. Aber auch in der Kindheit gibt es solche Momente:

Mara dachte an den nächsten Elternkurs, in dem sie über Entwicklungsstufen des Kindes referieren sollte. Ihr Manuskript war bisher nur eine Stoffsammlung. Sie ging in Ustads Büro, suchte sich dessen Vorlesungsmanuskripte über den Entwicklungspsychologen Jean Piaget heraus, machte es sich bequem und las…

## Entwicklung des Denkens nach Piaget

### Ein „Himmelsstürmer"

Der schweizer Psychologe **Jean Piaget** (1896–1980) hatte bereits als Abiturient im Alter von 20 Jahren 35 Artikel in naturwissenschaftlichen Zeitschriften publiziert und wurde der bekannteste und nachhaltigste Entwicklungspsychologe des 20. Jahrhunderts. Sein naturwissenschaftliches Debut gab er bereits mit zehn Jahren und veröffentlichte seine Beobachtungen über einen Albino-Spatzen. Naturforscher durch und durch, hatte Piaget im Sommerurlaub 1912 ein folgenreiches Leseerlebnis mit dem Buch *Schöpferische Entwicklung* des französischen Philosophen **Henri Bergson** (1859–1941). Piaget berichtet selbst: „Ich erinnere mich an einen Abend, an dem ich eine tiefe Offenbarung erfuhr: die Identifikation Gottes mit dem Leben selbst war ein Gedanke, der mich fast bis zur Ekstase aufwühlte, weil er mir erlaubte, von nun an in der Biologie die Erklärung aller Dinge und des Geistes selbst zu sehen." (zitiert nach Kesselring [10], Seite 21) **Leben ist ein kreativer Prozess!**

### Adaptation durch Akkomodation und Assimilation

Entwicklung ist **Veränderung** – die aber erfordert Anpassung – und alle Organismen sind mehr oder weniger dazu fähig. Davon geht auch Jean Piaget aus: **Adaptation** ist für ihn das Wesen intellektueller wie auch biologischer Tätigkeit. Wenn wir die Umwelt aktiv umgestalten, soll das zu unserem Nutzen sein. So sind die technischen Entwicklungen oftmals zu unserem Nutzen gedacht, durch ihre Eingriffe in die Natur aber verursachen sie wiederum andere Prozesse, die dem Menschen langfristig schaden können. Entwicklung also ein ewiges Auf und Ab im Kampf des Menschen mit der Natur?

Piaget denkt anders als Darwin: Nicht der „Kampf ums Dasein" lässt uns die Zukunft gewinnen, sondern das gerechte Teilen der (auch intellektuellen) Ressourcen. Piaget betont die intellektuelle Herausforderung der Adaptation, der wir uns als begabte Menschen nicht entziehen, sondern stellen müssen. Zu unserer biologischen Erbschaft gehört nämlich auch die **intellektuelle Tätigkeit**, auf welchem Niveau auch immer, aber sie ist sui generis (als solche selbst) eine Konstante. Für Piaget gilt das neue Paradigma, das uns die Reformpädagogik lehrt: Jeder Mensch ist bildbar durch Adaptation, die durch zwei komplementäre Prozesse (Akkomodation und Assimilation) möglich ist. Wenn Kinder lernen, ihre Hände zum „Schöpfen" zu gebrauchen, um Wasser zu trinken, erwacht ihre Intelligenz.

Bei der **Akkomodation** passen wir unseren Organismus oder Teile von ihm wie richtiges Werkzeug funktional den situativen Gegebenheiten an. Bei der **Assimilation** bedarf es einer Umstrukturierung der Reaktionsschemata und Denkstrukturen.

Akkomodation und Assimilation sind nicht immer synchron. Wenn sie nicht zueinander passen, rufen beide Vorgänge Spannungen im Organismus hervor. Spannungen drängen nach Lösung, nach Ausgleich: Wir sprechen dann von Gleichgewicht, wenn sich Akkomodationen und Assimilationen die Waage halten. Der gefühlte Zustand ist die **Äquilibration**, die jedoch nicht dauerhaft ist, sondern immer wieder neu erstrebt werden muss: Dynamik des individuellen Lebens.

**Äquilibrationsprozesse** sind lebens- und überlebenswichtig. Sie gelten für den ganzen Lebenslauf. Sie sind erlernbar wie andere Verhaltensweisen auch. Der Moment des Gleichgewichts jedoch ist nicht dauerhaft, da er psychischen Funktionen und psychischen Kräften unterworfen bleibt. Äquilibration ist Selbstregulierung. Da der Mensch sich permanent in Interaktion mit der Umwelt befindet, muss er ständig akkomodieren und assimilieren – auch bei geistigen Tätigkeiten.

Der Adaptationsprozess ist ohne **Organisation** nicht vorstellbar: Selbst symbolische Handlungen sind Tätigkeiten der Assimilation und Akkomodation, da auch unsere Vorstellungen diesen komplementären Prozessen unterliegen. Deshalb sind wir nach Piaget auch für unsere Fiktionen, Täuschungen und unsere Gefühle verantwortlich!

## Entwicklungsstufen nach Piaget

Wesensmerkmal geistiger Entwicklung ist das kontinuierliche Streben nach neuer Qualität, dem neuen Gleichgewicht, das Stufe für Stufe erreichbar ist. Die Stufenabfolge ist unumkehrbar (irreversibel). Piaget hat durch zahlreiche Experimente vier Stufen als belegbar gefunden:

| Alter | Kennzeichnung | Merkmale/Ziele |
|---|---|---|
| *0 – 2/3 Jahre* | Sensomotorische Stufe | Sinneswahrnehmung und Motorik |
| *2/3 – 7 Jahre* | Präoperationale Stufe | Symbolisches Denken |
| *7 – 11 Jahre* | Konkret-operationale Stufe | Logisches Denken, konkret am Objekt |
| *11 – 18 Jahre* | Formal-operatorische Stufe | Abstraktes, logisches Denken |

## Sensomotorische Stufe

Das neugeborene Menschenkind ist mit überlebenswichtigen Reflexen ausgestattet, mit denen es unwillkürlich seine Bedürfnisse artikuliert oder auf Situationen reagieren kann: Schrei-, Saug-, Greifreflexe …

Piaget teilt die sensomotorische Stufe in sechs Phasen ein:

*1. bis 3. Lebensmonat:* **Unwillkürliche Reflexe** auf Reize

*2. bis 5. Lebensmonat:* Reiz-Reaktionserlebnisse werden durch Wiederholung zu **Gewohnheiten**, die sich durch weitere erfolgreiche Wiederholungen einschleifen (primäre Zirkularreaktionen)

*6. bis 9. Lebensmonat:* Das Begreifbare wird visuell erfasst, Sehen und Tasten werden koordiniert (sekundäre Zirkularreaktion): Entdeckung der Umwelt (Beispiel: Glockenschlag der Uhr und Hinwendung der Seh- und Hörsinnesorgane). Das Kind beginnt mit der **Exploration der Außenwelt**.

*9. bis 12. Lebensmonat:* Die inzwischen erworbenen Schemata werden auf **neue Situationen** angewendet. Ein Gegenstand wird auf verschiedene Arten untersucht: Begreifen, Belutschen, Schütteln, Wegwerfen, „Heranholen" durch Hinkrabbeln …(intentionales Verhalten).

*12. bis 16. Lebensmonat:* **Neue Handlungsschemata** werden ausprobiert und neuen Situationen angepasst: Tertiäre Kreisreaktionen werden zunehmend von Mittel- und Zielhandlungen bestimmt, die gleichzeitig differenzierter werden. Die Tischdecke wird zum Instrument, mit dem man Gegenstände heranholen kann:

*17. bis 18. Lebensmonat:* Erworbene Schemata werden verinnerlicht, **symbolische Verhaltensweisen** werden gezeigt. Der Mund öffnet sich mehrmals, wenn das Kind die Schachtel mit der Perle öffnet.

## Präoperationale Stufe

Die zuvor erworbenen ersten **Symbolfunktionen** ermöglichen es dem Kind, sich etwas in ihm selbst vorstellen zu können: Nicht nur außen um das Kind herum geschieht etwas, sondern in ihm selbst, in seinem Körper, in seinem Kopf, in seinen Gliedmaßen. Es kann über diese Repräsentanzen verfügen und mit ihnen operativ umgehen. Es beschreitet – wie Piaget sagt – einen neuen Weg.

Konnte das Kind bisher nur in der Anwesenheit eines nachzuahmenden Ereignisses die Nachahmung sensomotorisch erfüllen, ist es bald in der Lage, die Nachahmung zeitlich zu verzögern: Das führt zum historischen Gedächtnis (**Erinnerungsfunktion**), unabhängig von dem ursprünglich nachzuahmenden Ereignis: Ein Holzstück nimmt symbolische Dimensionen an und gewinnt eine ganz andere Bedeutung:

Diese Repräsentationen unterscheidet Piaget in Übereinstimmung mit den Linguisten (Sprachwissenschaftlern) und verwendet den Begriff **Symbol** im Sinne der Sinnhaftigkeit, Sinnbedeutung, des Sinngehalts. Zeichen also, die eine Ähnlichkeit mit dem Bezeichneten aufweisen: Ein längeres Holzstück, das schwimmt, hat Ähnlichkeit mit einem Schiff. Daneben gibt es Zeichen, die relativ eineindeutig die Beziehung zwischen Bezeichnendem und Bezeichnetem repräsentieren und sozial einvernehmlich festgelegt werden: Piktogramme im alltäglichen Leben. So können nun Begriffe als geistige abstrakte Schemata fungieren.

### Anschauliches Denken und fehlerhafte Assimilation

Mit der Vorstellungsfähigkeit, dass dort, wo man nicht hinsehen kann, doch auch etwas sein kann, geht das Kind in die nächste wichtige Stufe über: Dem anschaulichen Denken liegen erste Vorstellungen zugrunde, wie was zu wem gehört, wie was zu wem passt, wie etwas funktionieren kann, das man sich vorstellt. Mit dieser neuen Entdeckungsdynamik einher gehen aber auch Ängste, die sich in den kindlichen Erklärungen durch fehlerhafte Assimilationen äußern:

Solche fehlerhaften Assimilationen dienen dazu, die komplexen Naturerscheinungen mit menschlichen Eigenschaften zu beschreiben und zu erklären. In unserer metaphorischen Sprache kommt dies teilweise immer noch vor: „Im Osten geht die Sonne auf, im Süden nimmt sie Mittagslauf, im Westen wird sie untergehn." Wie schwer fällt es uns zu sagen: „Die Erde dreht sich nach Osten, so dass die Sonne langsam erscheint!" Für das Kind der präoperationalen Stufe ist das kein Problem: Sein **Egozentrismus** findet sich wieder in animistischen, artifizialistischen und finalistischen Erklärungen der Umweltereignisse. Ihm stellt sich auch nicht die Frage, ob der andere es verstanden hat. Seine eigene Sicht der Dinge und Ereignisse ist entscheidend; es muss diese nicht begründen und nicht rechtfertigen.

### Konkret-operationale Stufe

Ab dem *7. Lebensjahr* etwa beginnt die Stufe der konkreten **Operationen**.

Operationen sind manuell- körperliche und geistige Tätigkeiten. Auch Vorstellungen von geistigen Tätigkeiten und körperlichen Reaktionen sind solche Operationen, also verinnerlicht, mehr oder minder abstrakt formalisiert und generalisiert: Ein Kind führt nicht nur eine bestimmte innere Handlung aus, sondern die zur Lösung führende Operation (Tätigkeit) erfolgt innerhalb eines Systems von Operationen desselben Typus: „Gruppierung". Damit wächst die Fähigkeit zur **Dezentrierung**: Das Kind kann sich der Gebundenheit auf ein bestimmtes Merkmal entziehen und andere bisher nicht beachtete Aspekte mit einbeziehen.

Das Kind ist in der Lage, zunehmend die Beständigkeit oder Invarianz von Gewichten, Massen, Volumen zu erkennen und den Täuschungen der Sinne konstruktiv zu begegnen (**Realismus**). Das In-Beziehung-setzen sorgt allmählich zur Abnahme von Widersprüchlichkeiten, zum Abbau fehlerhafter Assimilationen.

### Formal-operatorische Stufe

Mit den zuvor erreichten Operationskompetenzen erreicht das Kind nun die Fähigkeit zur Abstraktion. Die vorher jeweils konkreten Inhalte verlieren bei den Denkoperationen an Bedeutung: vom Konkret-Wirklichen zum Hypothetisch-Möglichen. Es ist eine Vorstellungsfähigkeit von Raum und Zeit entstanden.

Wie schnell schwingen ein Pendel an einem langen Band und ein schwereres Pendel an einem kurzen Band? Die Lösung der „Pendelaufgabe" von Piaget finden Sie im Internet.

Die Erweiterung des wahrnehmbaren und vorstellbaren Horizonts ist jetzt möglich: vom räumlich-zeitlichen Hier und Jetzt zum räumlich und zeitlich immer mehr Entfernten. Vergangenheit und Zukunft sind gleichermaßen vorstellbar – und über sie kann man mit anderen diskutieren: Das sind Aussagen über Kognitionen (**Metakognition**). Das Mögliche wird also denk- und vorstellbar und von dem „Unwirklichen" der früheren Stufen unterschieden.

### Moralentwicklung nach Piaget

Anfang der dreißiger Jahre des letzten Jahrhunderts führte Jean Piaget am Genfer Institut mit Kindern Experimente durch, um die Entwicklung moralischen Denkens feststellen zu können. 1932 veröffentlichte er seine Untersuchungen in dem Buch *Das moralische Urteil beim Kind*. Darin begründet Piaget sein **Zwei-Stufen-Modell**: Auf der **heteronomen Stufe** folgen die Kinder den Regeln der Eltern und Autoritätspersonen. Die Regeln werden durch Imitation und Zwang internalisiert.

Die darauf aufbauende **autonome Stufe** moralischer Entwicklung entsteht durch Teilnahme am sozialen Leben, vor allem in der Gruppe Gleichaltriger. Moralisches Denken entwickelt sich aufgrund kognitiver Fähigkeiten des Kindes (z.B. sich in die Lage eines anderen versetzen zu können; die Fähigkeit zur Antizipation). Diese Stufe wurde damals im Allgemeinen mit dem *12. oder 13. Lebensjahr* erreicht.

Im Internet finden Sie nicht nur weiteres Material zu Piaget (Beispiele der kognitiven Entwicklung, auch in Filmsequenzen, zu seinen Problemgeschichten und der **klinischen Methode**), sondern unter dem Namen **Arnold Gesell** (1880–1961) auch zu Altersnormen vom *1. bis 16. Lebensjahr* (Motorik, begriffliches Denken, Sprache, Interessen, Gefühle …).

## Egozentrik mit Lawrence Kohlberg überwinden

Der amerikanische Psychologe **Lawrence Kohlberg** (1927–1987) war auf Piagets Untersuchungen aufmerksam geworden und vertrat die Ansicht, dass moralische Urteilsfähigkeit sich vielschichtiger entwickle, als von Piaget angenommen. Die Untersuchungsergebnisse gewann Kohlberg mit **Dilemmageschichten** und bestärkten ihn in der Auffassung, dass die Entwicklung des moralischen Denkens in Stufen und Schritt für Schritt erfolgt mit dem Ziel, die jeweils höhere Stufe zu erreichen. Diese Stufen nannte er natürliche Stufen – im Gegensatz zur willkürlichen Indoktrination von gewollten Regeln und Gesetzen von Institutionen.

Meine Frau liegt im Sterben und ich habe nur 3000 Taler. Bitte verkaufen Sie es mir billiger oder zu diesem Preis!
Tut mir leid. Ich habe das Medikament entwickelt und ich will daran verdienen!
+PHARMA
NEU 6000

APOTHEKE
Tut mir leid, ich mache es nur für dich!

## Kohlbergs Stufenmodell

Kohlberg erweiterte das Zwei-Stufen-Modell von Piaget und berücksichtigte auch den natürlichen Zustand des Neugeborenen, da die Natur keine moralischen Kategorien kennt: Naturereignisse können nicht moralisch sein, Betroffene aber (siehe Erdbebengebiete und Tsunami-Katastrophen) bedrängen moralische Fragen: Wie kann ein Gott das zulassen? Warum unser Haus und das Haus der Nachbarn steht noch? Wer hat den Pfusch am Bau damals zugelassen? Warum trifft das Unglück so viele unschuldige Menschen? Was können Kinder dafür? Kohlberg kann auch diese Fragen nicht beantworten, er zeigt uns aber, wie wir danach streben können, uns weiterzuentwickeln.

## Vormoralische Stufe

Auf einer vormoralischen Stufe versteht das Kind noch keine Regeln, kann nicht zwischen Gut und Böse unterscheiden: Gut ist, was Lust bereitet, Spaß macht, spannend ist. Was mit Schmerz und Angst verbunden ist, ist böse. Verpflichtungen, Sollen und Müssen, sind nicht verstehbar.

## Vorkonventionelle Phase mit zwei Stufen

Die Ziele der vorkonventionellen Phase: Kulturelle Regeln und Etikettierungen gehen in Einklang mit physischen oder hedonistischen Konsequenzen. Auf der **ersten Stufe** orientiert sich das Kind an Bestrafung und Gehorsam. Gut und Böse hängen von physischen Konsequenzen ab, Strafe wird vermieden, Unterordnung unter Macht gilt als Wert an sich.

Die **zweite Stufe** ist instrumentell-relativistisch geprägt: Eigene Bedürfnisse werden instrumentell befriedigt. „Markt-Beziehungen" entstehen durch Tausch: „Eine Hand wäscht die andere!"

## Konventionelle Phase mit zwei Stufen

Die Ziele der konventionellen Phase: Es gilt als Wert an sich, ungeachtet unmittelbarer und offensichtlicher Konsequenzen, den Erwartungen der Familie, der Gruppe, der Nation zu entsprechen. Konformität und Loyalität (siehe Kapitel *Sozialpsychologie*) gegenüber der sozialen Ordnung durch Identifikation mit den diese Ordnung repräsentierenden Personen, Persönlichkeiten oder Protagonisten.

Die **dritte Stufe** orientiert sich an personengebundener Zustimmung: „Guter Junge! Nettes Mädchen!" Die Kinder finden Zustimmung durch konformes, erwünschtes Verhalten.

Die **vierte Stufe** ist durch die Orientierung an Recht und Ordnung gekennzeichnet, da eingesehen wird, dass festgelegte Regeln eine „gegebene" soziale Ordnung stabilisieren. Seine Pflicht zu tun, ist richtiges (weil erwünschtes) Verhalten.

Eine Filmanalyse zum Film „Wer Wind sät" und eine Einstufung der Protagonisten des Films über den „Prozess von Hillsboro" finden Sie im Kapitel *Praktische Psychologie* und im Internet. Es ging um das Verbot, in der Schule Darwins Lehre zu verbreiten. Der Prozess gegen einen jungen Lehrer fand 1925 statt, der Film darüber wurde Anfang der sechziger Jahre mit berühmten Schauspielern produziert.

Bevor die Jugendlichen die postkonventionelle Phase erreichen, durchlaufen sie die Zwischenstufe des Moratoriums, eine Phase der Instabilität.

### Postkonventionelle Phase

Die **fünfte Stufe** orientiert sich an gesellschaftsvertraglichen Regelungen: Allgemeine individuelle Rechte und Standards, Relativität persönlicher Werthaltungen, Verfahrensregeln zur Konsensfindung, Gesetzesänderungen können angestrebt werden durch individuelle und gemeinsame rationale Reflexion des sozialen Nutzens (z.B. Paradigmenwechsel in der Politik: Ausstieg aus der Atomenergieversorgung nach Fukushima). Eine rigide Aufrechterhaltung von Recht und Ordnung wird überwunden – man kann Verträge per Handschlag machen.

Die **sechste Stufe** wird – nach Kohlberg – nur von wenigen Menschen erreicht: Allgemeingültige, ethische Prinzipien werden gelebt (Beispiel: Albert Schweitzer, Schwester Maria Theresa in Kalkutta, Martin Luther King, Nelson Mandela). Es handelt sich um universelle Prinzipen der Gerechtigkeit, Gegenseitigkeit und Gleichheit der Menschenrechte. „Die Würde des Menschen ist unantastbar!" Damit soll eine ideale Gesellschaft angestrebt werden, die in Frieden lebt und diese Entwicklung im Einklang mit der Natur nachhaltig sichert, so dass die nachwachsenden Generationen sich ebenfalls entwickeln können.

Zu Kohlbergs Untersuchungsmethode (*Dilemma-Geschichten*), zu seinem Schulmodell (*just community school*) und zu anderen Entwicklungstheorien (*Erikson, Havighurst*) finden Sie umfangreiches Material im Internet.

## Entwicklung des Sprachverhaltens

Zu den psychischen Funktionen, mit deren Hilfe wir unsere seelische Befindlichkeit regulieren und steuern können, gehört auch die Sprache. Sprache ist uns nicht gegeben, wir haben lediglich die dazu erforderlichen Sprachwerkzeuge. Sprache muss deshalb von jedem Menschen erworben und weiterentwickelt werden.

Das beginnt bereits in der Schwangerschaft. Aus der **pränatalen** Forschung wissen wir, dass nicht nur die werdende Mutter mit ihrem Embryo kommuniziert, sondern dass der Embryo auch Geräusche „von draußen" aufnimmt: Musik, laute Sprache, Knalleffekte. Der Erwerb der menschlichen Sprache ist aber nicht nur bloßes Imitieren, sondern ein Prozess stetig fortschreitenden Suchens nach Strukturierung. Auch in der **Spracherwerbsforschung** setzte sich das Stufen- und Phasenprinzip durch.

Die Stufen des Spracherwerbs lassen sich grob einteilen in die phonologische, lexikalische und pragmatische Sprachkompetenz, die folgende Phasen durchlaufen:

### Vorstadium

Von der Geburt bis zum *4. Lebensmonat* artikuliert sich das Baby mit reflexiven Lauten.

### 1. Stufe: Phonologische Entwicklung

Im *5. bis 12. Lebensmonat* kommt es zu spielerischem Nachahmen von Lauten, zum Unterscheidenlernen von Vokalen und Konsonanten und zum Verdoppeln von Konsonant-Vokal- und Vokal-Konsonant-Verbindungen. So sind erste Spracherwerbsleistungen erkennbar.

- **Phase des ersten Wortes:** Zwischen dem *10. und 18. Lebensmonat* vermehren sich die Gehirnzellen so rasch, dass es zu einer Art „Explosion" kommt: Das erste gesprochene Wort löst bei allen Eltern große Freude aus.

- **Phase der Benennungsexplosion:** Etwa im *18. Lebensmonat* wird ein „magischer“ Höhepunkt des ersten Wortschatzes erreicht: die 50-Wort-Marke. Durch die Aneinanderreihung von Einwortsätzen verändert sich die Bedeutung der Sprache (Symbolfunktion) und der Wortschatz wächst danach um ein Mehrfaches (auf 200 und bald auf 500 Wörter).

- **Phase des ersten Fragealters:** Die Vermehrung des Wortschatzes wird unterstützt durch das erste Fragealter. Antwortbereite und kommunikative Eltern stellen hier die Weichen für den weiteren Ausbau intelligenten Sprachverhaltens.

- **Phase der ersten Grammatik:** *Bis zum 30. Lebensmonat* können nun grammatische Systeme (Deklinationen, Konjugationen) erworben werden.

### 2. Stufe: Lexikalische Entwicklung

*Ab dem 30. Lebensmonat* sind markante Fortschritte der morpho-syntaktischen Fertigkeiten zu beobachten: Komplexe Satzstrukturen bilden den Höhepunkt des ersten Fragealters. Dies geht einher mit einer Verdopplung des aktiven Wortschatzes.

### 3. Stufe: Entwicklung pragmatischer Sprachkompetenz

Die pragmatische Sprachkompetenz entwickelt sich vom *3. bis zum 8. Lebensjahr.* Das aktive Sprechen einerseits, aber mehr noch das Wissen über Sprache (implizites Sprachwissen) ermöglicht nun die systematische **Spracherziehung** in Kindergarten, Vorschule und Grundschule.

## 5. Lebensjahr: Phase impliziten Sprachwissens

Erfolgreiche Kommunikation unter Kindern gelingt jetzt durch implizites Sprachwissen, dass ein Satz aus zwei oder drei Teilen besteht:

## 6. Lebensjahr: Phase der Selbstkorrektur

In dieser Phase verbessern und korrigieren Kinder sich selbst:

## 8. Lebensjahr: Phase bewusster Metakognition

Mit der Unterstützung des Schreibenlernens gewinnen mehr und mehr Betrachtungen des Geschriebenen und damit auch des Gesprochenen an Bedeutung. Das Kind lernt, dass es auf den richtigen Ton und auf die richtige Wahl der Worte ankommt.

Bis hierhin hatte Mara intensiv an ihrem Skript zur Entwicklungspsychologie gearbeitet. Es war Abend geworden. Dag war neben ihrem Schreibtisch eingeschlafen. Sie war gespannt, was Prof. Ustad morgen dazu sagen würde.

Im Internet finden Sie die großen Theorien zur Identitätsentwicklung (**Erikson**), zur emotionalen Entwicklung und zu **Havighursts** Modell der Entwickloungsaufgaben. Die Risiken in der Sprachentwicklung für sogenannte „**Late talkers**" und empirische Studien (Jensen) zu **Sprachentwicklungsstörungen** sind dort ebenfalls abrufbar.

Die Entwicklungspsychologie erforscht **Gesetzmäßigkeiten** individueller und kollektiver Veränderungen psychischer Funktionen und Verhaltensweisen hinsichtlich ihrer quantitativen sowie qualitativen Art.

Die Forschungsmethoden reichen von biografischen Abhandlungen bis hin zu **Längsschnittuntersuchungen** (idiographische und nomothetische Forschungsmethoden).

Definitionen zur Entwicklung entsprechen der Anzahl der Schulen, die aber bestimmte Übereinstimmungen haben: Einig ist man sich, dass **Entwicklung mehr als Reifung** ist und die früheren Glieder der Veränderungsreihe Voraussetzungen für die späteren und unumkehrbar (**irreversibel**) sind.

Die Untersuchungsergebnisse dienen dazu, sich selbst und die Mitmenschen in den Entwicklungsschritten besser verstehen zu lernen und sich auf zukünftige **Entwicklungsaufgaben** besser vorzubereiten. Dabei helfen Theorien der kognitiven, moralischen und sprachlichen Entwicklung. Sie geben Deutungsmöglichkeiten, um komplexe zwischenmenschliche Abläufe (Interaktionen) und Zusammenhänge (**Sachverhaltsdiagnostik** und **Leistungsbeurteilung**) besser einschätzen zu können.

Von positiver Entwicklung kann man nur sprechen, wenn mit der biologischen Reifung die **qualitative Verbesserung** funktionaler Kompetenzen einhergeht.

# Vom Ich zum Du – vom Du zum Wir

5

# Sozialpsychologie

## Vom Ich zum Du – vom Du zum Wir

Marah fragt sich, wie es zu einem solchen Verhalten in einer Gruppe kommen kann. Wie so oft, wenn sie Rat braucht, ruft Marah Professor Ustad an, um ihn zu fragen, wie man denn ein solches Verhalten erklären könne. Ustad wird am Telefon nachdenklich und erwidert, dass diese Frage nicht so einfach zu beantworten sei, aber Marah gerne am Montag in die Materialkiste in seinem Büro an der Uni schauen könne.

Zu Wochenbeginn ist sie besonders früh an der Uni, um zu recherchieren. So schaut sie zunächst in die Materialkiste. Das Manuskript „Einführung in die Sozialpsychologie" erregt ihre Aufmerksamkeit.

### Was ist und was will Sozialpsychologie?

Eine der ersten Definitionen des Gegenstands der Sozialpsychologie stammt von **F. H. Allport** (1924), der aus der behavioristischen Sichtweise definierte, dass das Verhalten anderer Personen das eigene Verhalten bestimme, wobei das eigene Verhalten wiederum die anderen im sozialen Kontext stimuliere.

Die moderne Sozialpsychologie hat ihre Betrachtungsweise jedoch von den reinen **Stimulus-Response-Prozessen** des Behaviorismus gelöst und sich kognitiven und ganzheitlichen Perspektiven geöffnet. Sie entwickelt z.B. überprüfbare Theorien und Modelle über das Verhalten von Menschen in sozialen Situationen.

Es werden Voraussagen und Beschreibungen erarbeitet, die das menschliche Zusammenleben nicht nur erklären, sondern auch veränderbar machen. Themen wie „gegenseitige Wahrnehmung und Beeinflussung" oder „Beziehungsgestaltung als soziale und individuelle Wesen" sind in das Zentrum der Betrachtung gerückt.

Somit sind **Gruppenstrukturen** und **Gruppenprozesse** ein zentraler Bestandteil des Forschungsgegenstands der Sozialpsychologie. Häufig werden hier Ansätze aus der **Systemtheorie** verwendet, um die komplexen vernetzten Prozesse zu veranschaulichen.

## Gruppenstrukturen und Gruppenprozesse

Zunächst muss geklärt werden, was eine **Gruppe** kennzeichnet und sie von anderen Gruppierungen (z.B. einer sozialen Kategorie, einem Verband, einer Menge oder einer Masse) unterscheidet. Nach **Aronson** et al. (2008) kann man zwei oder mehr Menschen, die miteinander agieren und interdependent sind, so dass ihre Ziele und Bedürfnisse eine gegenseitige Beeinflussung bewirken, als eine Gruppe definieren. Sie haben ein gemeinsames Ziel, sie verfolgen einen gemeinsamen Zweck.

So sind z.B. Leute, die eines Morgens zufällig an einer Bushaltestelle stehen, noch keine Gruppe, bis z.B. der Bus nicht kommt und man gemeinsam berät, was zu tun sei (z.B. bei der Verkehrsgesellschaft anrufen und fragen, ob gestreikt würde).

Eine wichtige Unterscheidung findet sich des Weiteren bei **formalen** und informalen **Gruppen**, sie unterscheidet der Grad an formaler innerer und äußerer Organisation. Formale Gruppen sind eher starr und hierarchisch durch eine Satzung oder Regeln organisiert (z.B. politische Parteien, betriebliche Arbeitsgruppen oder Schulklassen).

Doch die **informale Gruppe** findet sich über gemeinsam definierte Ziele oder Aufgaben zusammen, so dass sich die Strukturen wie Normen und Rollen eher durch Interaktion im Gruppenprozess herausbilden.

Diese Aspekte von Gruppenstrukturen sind systemisch begründet, sowohl **soziale Normen** (von der Gesellschaft akzeptierte Regeln des Zusammenlebens) als auch **soziale Rollen** (gemeinsame Erwartungen der Gruppe, wie sich das Individuum verhalten sollte) sind elementare Bestandteile einer jeden Gruppe. Die gesamte Gruppe wird als System betrachtet, der Einzelne wird nur insoweit als Individuum gesehen, wie er als ein Element auf das gesamte System Gruppe wirkt und wie er dessen Wirkungsfeld ausgesetzt ist.

Es zeigt sich, dass es für die Zusammensetzung von Gruppen bedeutsam ist, wie es um ihren inneren Zusammenhang steht. Diesen Aspekt nennt man **Kohäsion**, welcher die Bindung und die Zuneigung zwischen den Gruppenmitgliedern beschreibt. Hier gilt, je mehr die Gruppe ein geselliges, freundschaftliches Ziel hat, desto kohäsiver ist sie.

Eine hohe Kohäsion bedeutet auch, dass das Individuum häufig an den gemeinschaftlichen Aktivitäten teilnimmt und sogar versucht, die Gruppe um gleichgesinnte Personen zu erweitern.

Eine Gruppe kann demnach sehr effektiv sein; man schafft oft mehr als ein Einzelner. Eine zu enge Kohäsion kann jedoch auch vom eigentlichen Gruppenziel ablenken – wenn eine Mannschaft sich privat trifft, bevor man am nächsten Tag ein wichtiges Spiel hat, kann sich dies negativ auf das Ergebnis auswirken. Machen sogar nur einige Gruppenmitglieder die Nacht zum Tage, ist die Torbilanz oftmals noch verheerender.

Marah muss schmunzeln – ja, das kann dabei herauskommen, wenn die Beziehungen der Mitglieder untereinander als wichtiger erachtet werden als deren gemeinsames Ziel. Die Dynamik und Effektivität einer Gruppe, so denkt sie, hängen also von ihrem inneren Zusammenhalt ab. In diesem Zusammenhang fällt ihr eine Anekdote ein, die Professor Ustad in einem seiner Seminare zu Gruppendynamik erzählt hat: Ustad hatte eine Einladung der Bundeswehr bekommen, einen Vortrag zu „Arbeiten im Team" zu halten. Wie es für Ustad typisch war, begann er den Vortrag mit einer praktischen Übung zur Gruppendynamik – dem so genannten Brocher-Experiment.

INTERNET

Im Kapitel *Praktische Psychologie* und im Internet finden Sie eine Anleitung für das Brocher-Experiment, welches den Zusammenhang von Kommunikation und Hierarchie für den Prozess der Gruppendynamik verdeutlicht.

### Kommunikation

Einer der am weitesten gefassten Begriffe in der Psychologie ist der Ausdruck „**Kommunikation**". Ganz allgemein kann man darunter die Fähigkeit eines Individuums verstehen, seine Gedanken, Ideen und Gefühle anderen mitzuteilen. Auch Gruppen kommunizieren, ihre Mitglieder haben die Fähigkeit, vertrauliche und enge Verbindungen miteinander zu pflegen.

Menschliche Kommunikation hat einen Sender und einen Empfänger einer Botschaft, diese wird vom Sender zunächst verschlüsselt (verbal und nonverbal) und vom Empfänger entschlüsselt und zurückgemeldet (feed back). Dieses verläuft prozesshaft, jede soziale Interaktion beinhaltet Kommunikation. So formulierte **Paul Watzlawick** (1990) sein berühmtes erstes **Axiom** „man kann nicht nicht kommunizieren". Ein Axiom bezeichnet einen Grundsatz, der keines Beweises bedarf. Insgesamt stellte Watzlawick fünf pragmatische Axiome auf, welche menschliche Kommunikation erklären und ihre Paradoxie zeigen:

- Man kann nicht **nicht kommunizieren**, denn jede Kommunikation (nicht nur mit Worten) ist Verhalten und genauso wie man sich nicht nicht verhalten kann, kann man nicht nicht kommunizieren.

- Jede Kommunikation hat einen **Inhalts- und einen Beziehungsaspekt**, wobei Letzterer den ersten bestimmt. Nach Watzlawick gibt es keine allein informative (Inhaltsaspekt) Kommunikation, jede Botschaft enthält auch eine Aussage über den Beziehungsaspekt zum Empfänger, denn durch Gestik, Mimik und Tonfall des Sprechers können im Angesprochenen verschiedene Reaktionen ausgelöst werden.

- Die Natur einer Beziehung ist durch die **Interpunktion** der Kommunikation seitens der Partner bedingt. Hier wird die Prozesshaftigkeit besonders deutlich. Durch das Abwechseln von einem Reiz und einer folgenden Reaktion, die wiederum ein Reiz ist zu reagieren, verläuft die Kommunikation kreisförmig, Sender und Empfänger bestimmen jeweils den Verlauf einer Verhaltenskette.
- In der Kommunikation gibt es zwei Möglichkeiten, Objekte darzustellen. Zum einen kann man sie **analog**, z.B. durch ein Bild, oder durch einen Begriff (**digital**) ausdrücken. Nicht nur das gesprochene Wort, sondern auch die nonverbalen Äußerungen (Mimik und Gestik) sind aussagekräftig bei der Kommunikation bedeutsam. Hier zeigt sich besonders die analoge Seite, denn der Beziehungsaspekt wird durch diese Modalitäten vermittelt. Doch die Entschlüsselung ist nicht einfach, denn analoge Kommunikation ist mehrdeutig (ambivalent).

- Der Ablauf zwischenmenschlicher Kommunikation ist entweder **symmetrisch** oder **komplementär**, je nachdem, ob die Beziehung zwischen den Partnern auf Gleichgewicht oder Unterschiedlichkeit beruht.

Für **komplementäre Beziehungen** gilt, dass sich unterschiedliche Verhaltensweisen der Partner ergänzen und den Interaktionsprozess bestimmen. Die Beziehungsgrundlage besteht hierbei im Unterschied der Partner.

In einer **symmetrischen Beziehungsform** versuchen die Partner, Ungleichheiten untereinander zu minimieren, d.h., sie streben eine Gleichheit auch im Kommunikationsprozess an, denn sie sind, z.B. von ihrer Position her gleichgestellt.

Mara denkt an dieses Einführungsseminar von Ustad, sie selbst hatte damals ein weiteres Modell zur Erklärung zwischenmenschlicher Kommunikation präsentiert. Es war in ihrem ersten Semester und sie erinnert sich noch gut an das praxisnah illustrierte Modell von Friedemann Schulz von Thun: Die vier Seiten einer Nachricht. Auch in Ustads Manuskript fand sich ein Eintrag dazu.

**Friedemann Schulz von Thun** (1981) hat das so genannte **Kommunikationsquadrat** entwickelt.

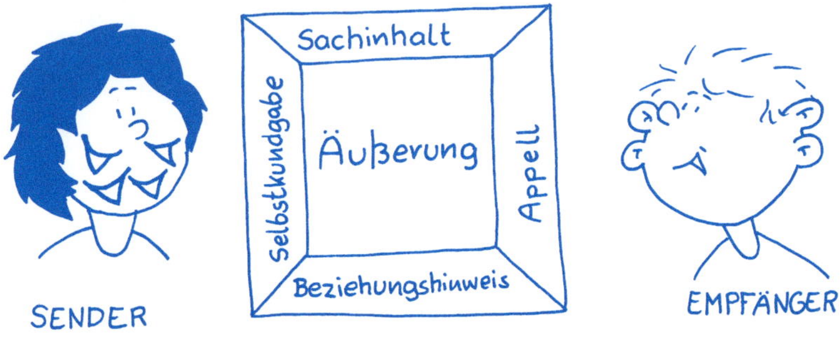


Er formulierte, dass jede Botschaft einen Sachinhalt hat (worüber ich informiere), eine Selbstoffenbarung preisgibt (was ich von mir zu erkennen gebe), einen Beziehungshinweis enthält (was ich von dir halte und wie ich zu dir stehe), aber auch einen Appell (was ich bei dir erreichen möchte) vermittelt. Diese vier Ebenen gelten für beide Kommunizierenden und bergen Verständigungsprobleme.

Im Kapitel *Praktische Psychologie* finden Sie Konzepte und Aufgaben der genannten weiterführenden Kommunikationsmodelle: Das Teufelskreismodell und das Prinzip des Double Bind, welche die **Zweideutigkeit von Kommunikation** und daraus resultierende Missverständnisse erläutern.

## Ein sozialpsychologisches Experiment: Stanford Prison

Ein klassisches Experiment zum Thema soziale Normen und zur Veränderung des Einzelnen durch Gruppenstrukturen ist das **Stanford-Prison-Experiment** von **Philip Zimbardo** aus dem Jahre 1971.

Ausführlich können Sie das Experiment nachlesen auf *www.prisonexp.org*

Zimbardo untersuchte die Frage, was geschieht, wenn man rechtschaffene Menschen an einen Ort des Bösen bringt. Siegt das Gute über das Böse oder triumphiert das Böse?

Für diese Studie rekrutierte Zimbardo normale Studenten der Stanford Universität und loste ihnen entweder die Rolle des Wärters oder die Rolle des Inhaftierten zu. Es gab nur wenige vom Versuchsleiter festgelegte Regeln, so dass die Gruppenprozesse sich spontan entwickeln konnten. Das Verhalten der Versuchspersonen wurde rund um die Uhr dokumentiert.

Die für zwei Wochen geplante Untersuchung musste aufgrund der Auswirkungen der Situation auf die Versuchspersonen schon nach sechs Tagen vorzeitig beendet werden. In nur einigen Tagen waren die zufällig ausgewählten Strafvollzugsbeamten zu Sadisten geworden, und die Gefangenen zeigten Anzeichen von Depressionen und extremem Stress.

## Gut und Böse zugleich?

Zimbardo stellte sich die Frage, wie es zu diesem außergewöhnlichen Verhalten kommen konnte. Er veröffentlichte 2007 (2008 in deutscher Übersetzung) ein Buch mit dem Titel *The Lucifer Effect: Understanding How Good People Turn Evil (Random House)*, in welchem die Ergebnisse von mehr als 30 Jahren Forschungsarbeit zusammengefasst dargestellt sind. Er bezeichnete die im Stanford Prison beobachtete Transformation des menschlichen Charakters als den **Luzifer**-Effekt.

Philip Zimbardo zeigt in seinem Buch psychologische Begründungen auf, die zur Verwandlung von normalen Menschen in brutale Monster führen können. Er führt **situative, systemische und dispositionelle Faktoren** an und analysiert ihren Einfluss auf menschliches Verhalten auf das Genaueste.

Hierbei bezieht er sich nicht nur auf sein Stanford-Prison-Experiment, sondern er erforscht auch die grausamen Ereignisse im Gefängnis von Abu Ghraib im Irak. Schließlich diskutiert er die Frage nach der „Natur der menschlichen Natur".

Das war schwere Kost für Marah: Normale, gute Menschen werden zu Bestien? Ob das auch ihr selbst passieren könnte? Laut Zimbardos Erklärungsmodell ja ... sie erinnert sich an eine Situation, in der sie sehr ärgerlich auf einen Studenten war, der seine Arbeit nicht rechtzeitig eingereicht hatte. Die Vorgaben des Dekanats waren eindeutig: Nicht abgegeben heißt ungenügend.

Dieser Student nahm es immer schon mit den Terminen nicht so genau, aber in jener Situation erklärte er authentisch betroffen, dass seine Oma einen Schlaganfall gehabt hätte und er deshalb nicht zeitig ausdrucken konnte. Marah fühlte sich in der Zwickmühle: Gab sie ihm den Aufschub oder bestrafte sie ihn – die Situation zwang sie eigentlich dazu, hart zu bleiben.

## Einstellungen und Einstellungsänderungen

Marah entschied sich letztlich für den Aufschub, denn sie erinnerte sich an ihre eigene Studienzeit, in der sie einmal auch aus ähnlichen Gründen Unterstützung brauchte. Der damalige Dozent hatte sie verstanden und durch den Aufschub ermutigt, weiter „dran zu bleiben". Marahs Student dankte es ihr und war hilfsbereit und zuvorkommend geworden: Marah fühlte sich gut.

Sie klappt das Manuskript zu und denkt nach: Wenn sie es recht bedachte, hatte ihre Entscheidung etwas mit ihrer grundsätzlichen Einstellung zu tun. Professor Ustad kommt in sein Büro. Er erzählt ihr auch von den Ansätzen von Festinger, Petty/Cacioppo und Brehm, so nimmt sie abends wieder das Manuskript zur Hand.

**Einstellungen** sind summarische Bewertungen sozialer Sachverhalte oder "Objekte", zu denen Institutionen, Probleme, Personen oder Gegenstände gezählt werden.

!

Diese Bewertungen werden durch das **Drei-Komponentenmodell** eingehender beschrieben. Es geht zurück auf das Modell von **Rosenberg** und **Hovland** (1960), welche formulierten, dass Einstellungen Tendenzen seien, auf bestimmte Klassen von Reizen mit bestimmten Klassen von Reaktionen zu antworten. Die drei hauptsächlichen Klassen benannten sie als kognitive, affektive und behaviorale Komponenten. Viele moderne Sozialpsychologen arbeiten mit diesem Modell und beziehen sich auf diese Komponenten.

Die **kognitive**, „vernünftige" **Komponente** bedeutet eine objektive Prüfung der Fakten und Informationen über das Objekt, hier spielen die grundlegenden Überzeugungen über die Eigenschaften eines Objekts eine Rolle (die Stiefel sind teuer und unpraktisch).

Doch die **affektive**, „mit dem Herzen entscheidende" **Komponente** hat die emotionale Grundeinstellung zu einem Objekt zur Grundlage – die Werte und die Gefühle, die es in einem auslöst (die Stiefel sind schön und machen glücklich).

Das konkrete Verhalten in einer Situation kann auch anhand der Prinzipien des klassischen und operanten Konditionierens (siehe Kapitel *Lernen*) erklärt werden.

Schließlich kann die Einstellung einer Person zu einem Objekt auch auf ihr Verhalten in der konkreten Situation zurückzuführen sein. Erst wenn man etwas erlebt hat, wird es bewertet. Dies hat mit unserer Selbstwahrnehmung zu tun (siehe Kapitel *Wahrnehmung*).

In den letzten Jahren wurde die von **Leon Festinger** (1957) wesentlich beeinflusste Einstellungsforschung wieder intensiviert. Er formulierte das Prinzip der **kognitiven Dissonanz**: Personen streben in der Regel nach Gleichgewicht in ihrem eigenen kognitiven System.

**Gleichgewicht** ist aber ein Gegensatz zur **Dissonanz**. Sie streben konsistente Beziehungen zwischen ihren Kognitionen und ihrem Verhalten an. Ganzheitlich betrachtet kann man einige Gestaltgesetze wiedererkennen: das Gesetz der guten Gestalt oder gar das Prinzip der Prägnanz (siehe Kapitel *Wahrnehmung*), nach welchen die Wahrnehmung von Ereignissen oder Gegenständen sinnvoll zu Ganzheiten strukturiert wird.

Unter Kognitionen versteht Festinger z.B. Meinungen, Haltungen, Glaubensweisen oder Wissenseinheiten. Er beschreibt relevante Kognitionen als solche, die miteinander in Beziehung stehen; solche relevanten Kognitionen können konsonant oder dissonant sein. Dissonante Kognitionen entstehen, wenn aus der einen Kognition das Gegenteil der anderen folgt.

Die Raucher sind hier in einem Konflikt: Das starke Bedürfnis zu rauchen (Sucht) steht gegen vernünftige Argumente, wie sie z.B. auf der Zigarettenschachtel zu lesen sind. Als Folge entsteht ein unangenehmer psychologischer Zustand, der das Individuum motiviert, wieder Konsonanz herzustellen.

Es gibt drei wesentliche **Strategien zur Minimierung der Dissonanz** durch Veränderung des kognitiven Systems, das Hinzufügen neuer positiver kognitiver Elemente oder eine Subtraktion von dissonanten Elementen (durch Ignorieren, Verdrängen, Vergessen) oder beide Prozesse finden gleichzeitig statt, so dass es zu einer grundlegenden Veränderung kognitiver Elemente kommt.

### Das Elaboration-Likelihood-Modell (ELM)

Das **ELM** von **Petty & Cacioppo** (1986) besagt, dass es zwei unterschiedliche Wege gibt, bei denen Kommunikation, die einen persuasiven (überredenden) Charakter hat, Einstellungsänderungen bewirken kann. Der sogenannte zentrale Weg wird genommen, wenn die Menschen motiviert sind und sie den in der Kommunikation enthaltenen Argumenten gut zuhören können. Der sogenannte periphere Weg wird hingegen eingeschlagen, wenn man den Argumenten nicht folgen kann, sondern die Personen sich vielmehr von den oberflächlichen Charakteristiken beeinflussen lassen (z.B. welche Person die Rede hält).

## Entscheidungsfreiheit und Reaktanz

Ein weiterer, in diesem Zusammenhang relevanter Begriff in der Einstellungsforschung ist die Reaktanz (**Brehm** 1966). Er geht davon aus, dass Personen an die Freiheit glauben, bestimmte Verhaltensweisen ausführen zu können. Diese Freiheit kann jedoch durch die handelnde Person selbst (selbst auferlegte Freiheitseinengung), durch andere (sozialer Einfluss) oder durch unpersönliche Gründe eingeschränkt werden. Wenn das Individuum bemerkt, dass eine "freie" Verhaltensweise bedroht oder unmöglich gemacht wird, entsteht psychologische Reaktanz. Somit ist Reaktanz ein aversiver motivationaler Zustand. Besonders in der Werbepsychologie werden diese Mechanismen eingesetzt.

Einen praktischen Anwendungstipp aus Sicht der Werbebranche, der erklärt, warum Kunden immer das haben wollen, was ausverkauft ist, findet man unter
*http://www.werbepsychologie-online.de/html/reaktanz.html*.

Um die (vermeintlich) verlorene Freiheit wiederzuerlangen, kann das Individuum subjektive Effekte (kognitive Umstrukturierungen) oder Verhaltenseffekte (Aktionen) vornehmen. Wenn es z.B. eine Schokoriegelsorte „nur für kurze Zeit" gibt, wird sehr viel davon gekauft oder man sagt sich (wenn das Angebot vorbei ist), dass es besser schmeckende Sorten gibt.

## Prosoziales Verhalten

Mara will mehr darüber erfahren. Hilfreiches Verhalten kann man hier in dem Bericht nicht erkennen, denn Handlungen mit dem Ziel, anderen Personen etwas Gutes zu tun, ließen diese vermissen. Sie erinnert sich an den Begriff Altruismus, also das Bedürfnis zu helfen, selbst wenn es mit negativen Konsequenzen für einen selbst verbunden ist und man keinen direkten Nutzen daraus ziehen kann. Somit ist Altruismus eine besondere Form von prosozialem Verhalten. Marah fragt sich, welche Bedingungen ein solch menschenfreundliches Verhalten fördern.

### Altruismus

Wer altruistisch handelt, hat keinen Eigennutz im Sinn, sondern möchte anderen Menschen helfen. Mutter Theresa war eine solche Persönlichkeit, die ihre Bedürfnisse stets hinter die der Hilfebedürftigen zurückstellte. Selbst wenn es bedeutet, dass man sich in Gefahr bringt oder es mit Kosten für den Helfenden verbunden ist, so ist doch der Wunsch zu helfen größer.

Eine Erklärung hierfür kommt von **Batson** (1991), der postulierte, dass das Empfinden von Empathie die Voraussetzung für altruistisches Verhalten ist.

Die **Empathie-Altruismus-Hypothese** besagt, dass Menschen, welche das Leiden einer anderen Person nachempfinden können, aus altruistischen Motiven helfen, ohne dass es für sie zu einem Nutzen kommt.

Wenn jemand diese Empfindung nicht hat und dennoch hilft, kann es sich um das Motiv des **sozialen Austauschs** handeln. Der Helfende kann z.B. durch seine Tat Anerkennung von anderen, neutralen Personen bekommen (z.B. beim öffentlichen Spenden) oder eine spätere Belohnung erwarten (z.B. beim Freundschaftsdienst), so dass der Aufwand der Hilfe sich „lohnt": möglichst geringer Input bei möglichst hohem Output.

Die Mitglieder einer Gruppe werden, ganzheitlich gesehen, als interagierendes, aufeinander angewiesenes System betrachtet. Hilfreiches Verhalten ist Bestandteil von Gruppenverhalten in einer extremen Situation: einer Notsituation.

Die sogenannte **Reziprozitätsnorm** bringt es folgendermaßen auf den Punkt: Das Individuum hat die Erwartung, dass sich die Wahrscheinlichkeit erhöht, dass ihm in einer zukünftigen Notsituation ebenso geholfen wird. Diese Art der positiven Zusammenarbeit (Kooperation) hat sich im Laufe der Evolution entwickelt (vergleiche z.B. Charles Darwin, Kapitel *Entwicklung*).

Mara schaut von den Unterlagen auf. Das war alles sehr interessant. Heißt das etwa, dass man immer nur dann hilft, wenn man dafür eine Gegenleistung bekommt? Ob es eine reine altruistische Persönlichkeit gibt, ist ja umstritten. Marah denkt nach – wie sieht es denn mit einer biologischen Sichtweise aus? Wir Menschen sind doch durch unsere Umwelt UND durch unsere Anlagen bestimmt. Sie blättert zurück zum Inhaltsverzeichnis und findet, was sie sucht: Evolutionspsychologie!

Der Ansatz der **Evolutionspsychologie** hat sich verhältnismäßig neu entwickelt und untersucht den Zusammenhang von sozialen Handlungsweisen mit genetischen Faktoren. Der evolutionäre Ansatz geht, wie auch der des sozialen Austauschs, davon aus, dass Helfen aus individuellem Interesse heraus entstehen kann.

Ein Schlüsselbegriff ist hier die **Verwandtenselektion**. Diese besagt, dass man zunächst seinem direkten Verwandten hilft, um im Sinne der Evolutionstheorie das eigene Überleben zu sichern (Eltern retten z.B. zuerst ihre eigenen Kinder, dann Nichten und Neffen, dann weitere Personen). Biologisch betrachtet hängt der Fortpflanzungserfolg eines Individuums, seine sogenannte Gesamtfitness, von der Weitergabe seiner Gene an die nächste Generation ab. Die genetische Übereinstimmung bei z.B. Geschwistern beträgt 50%. Die Überlebenschancen der Geschwister in einer Notsituation zu erhöhen, bedeutet demnach auch, dass der eigene Genpool weitergegeben wird.

Auch die **Reziprozitätsnorm** wird in diesem Zusammenhang evolutionärer Erklärungen herangezogen. Diese Norm, nach der wir anderen gegenüber so handeln sollten, wie sie sich uns gegenüber verhalten haben („wie du mir, so ich dir"), fordert positive Reaktionen auf gute Behandlung, aber auch negative Reaktionen auf schlechte Behandlung. Also findet prosoziale Reziprozität statt, wenn Menschen zum Ausgleich dafür, dass ihnen in einer Notsituation geholfen wurde, selber helfen.

Schließlich kann auch das Verinnerlichen sozialer Normen einer Gesellschaft mit Hilfe der Evolutionspsychologie erklärt werden, denn im Laufe der Entwicklung haben die Gruppen und Gesellschaften am besten überlebt, die miteinander kooperiert haben und sich an die Regeln der Gruppe gehalten haben (z.B. sich gegenseitig in Notsituationen geholfen haben).

## Determinanten des Helfens und Nichthelfens

Warum Menschen in einigen Notfällen helfen und in anderen nicht, hängt von persönlichen und situativen Bedingungen (Determinanten) ab. Diese können nicht isoliert betrachtet werden, sondern sind Teil einer komplexen sozialen Konstellation, so dass mehrere Komponenten zur Erklärung des Verhaltens herangezogen werden müssen.

Zu den **persönlichen Determinanten** zählen das **Geschlecht**, die **kulturelle Zugehörigkeit** und die **Stimmung**, in der man sich befindet.

So helfen Frauen eher Freunden als fremden Menschen und sie zeigen fürsorgliche Hilfe in länger andauernden Beziehungen (z.B. bei der Pflege von alten und kranken Menschen), während Männer im Vergleich mehr fremden Personen helfen als Freunden und in Situationen einschreiten, die mit ihrer heroischen Rollenerwartung im Zusammenhang stehen, z.B. eine Rettung bei einem Unfall oder einem Brand.

Auch die **Zugehörigkeit zu einem Kulturkreis** und die damit verbundenen Normen und Regeln spielen eine große Rolle bei der Erklärung von prosozialem Verhalten:

In westlichen Kulturen, in denen Individualismus eine wichtige Größe ist, wird im Vergleich zu nicht westlichen Kulturen, in denen der Gedanke des Kollektivismus stärker ausgeprägt ist, weniger geholfen. Wenn eine Kultur sich demnach eher an der sozialen Gemeinschaft orientiert, hält sie stärker zusammen und achtet auf die einzelnen Mitglieder.

Kulturunabhängig ist jedoch die Komponente des Gefühls einer Gruppenzugehörigkeit. So wird immer eher geholfen, wenn es sich um ein Mitglied der In-Group handelt, mit der man sich identifiziert. Menschen, die einer Out-Group angehören, mit der sich der Helfende nicht identifizieren kann, wird weniger in Not geholfen.

**Stimmungen**, in denen sich jemand befindet, sind ebenfalls von großer Bedeutung. Hat man gute Laune, so lässt man anderen gegenüber schon mal „fünfe grade sein" und ist nicht erbost wegen eines Fehlers. Außerdem ist man weiterhin gut gelaunt und lässt sich nicht von diesem positiven Gefühl abbringen. Schließlich ist man durch das Hochgefühl aufmerksamer den eigenen Werten gegenüber, so dass man sich auf das soziale Gut des Helfens besinnt und sich danach verhält.

Auch bei Schuldgefühlen tendieren Menschen dazu, anderen Gutes zu tun – dies reduziert das eigene schlechte Gewissen.

Zu den **situationalen Bedingungen** gehören die Umgebung, in der sich ein Notfall ereignet, die Tatsache, ob es sich um eine bekannte oder eine unbekannte Person handelt, die Hilfe benötigt, und, besonders relevant, die Anzahl der Zuschauer.

Der Ort, an dem es zu einem Notfall kommt, stellt ein Kriterium für aktive Hilfeleistung dar: In einer Großstadt wird weniger geholfen als in einer ländlichen Gegend. Hier gibt es unterschiedliche Erklärungsansätze: Die **Urban-Overload-Hypothese** besagt, dass Menschen in Großstädten aufgrund der Reizüberflutung von Informationen aus der Umwelt nicht helfen. Sie konzentrieren sich auf sich selbst anstatt auf andere. Weitere Untersuchungen haben ergeben, dass die **tatsächliche Bevölkerungsdichte** einer Stadt eher ein Indikator für nicht stattgefundene Hilfeleistung ist: Je höher die Bevölkerungsdichte, desto geringer die Hilfeleistungsquote.

Der zweite Faktor betrifft die Beziehung zwischen **Helfer und Helfendem**. Man hilft engen Beziehungspartnern (Familie, Ehepartner, Freunde) eher als Fremden, und diese Hilfeleistung hat die langfristige Beziehung der Betroffenen zur Motivation, während die Hilfe für Fremde oft einen kurzfristigen Nutzen zum Ziel hat.

Der wohl bedeutsamste Faktor für die Erklärung des Nichteingreifens in einer Notsituation ist die **Anzahl der umstehenden Personen**, welcher besonders im berühmten Fall der „Kitty Genovese" deutlich wurde.

INTERNET

Nähere Information zu diesem Fall, in dem letztlich 38 Personen einen Mord „beobachteten" und niemand eingriff, finden sich im Internet.

Mara stellte diesen Faktor mit Alwin und einigen anderen Studierenden nach und die Ergebnisse waren auch hier eindeutig: Je mehr Menschen herumstanden, desto weniger wurde geholfen – man schaute sogar weg.

Nichts hören, nichts sehen, nichts sagen – man ist an das Bild der drei Affen erinnert. Keiner unternimmt einen Schritt zur Hilfeleistung, niemand ruft die Polizei. Wie kommt es zu solchem Verhalten?

## Der Bystander-Effekt

Es lässt sich ein Zusammenhang von unterlassener Hilfeleistung und der Anzahl der Umstehenden in einer Notsituation herstellen. Je größer die Anzahl der Zuschauer (bystander), die einen Notfall beobachten, desto weniger wahrscheinlich ist es, dass jemand von ihnen dem Opfer hilft.

**Darley** und **Latané** (1970) haben in den 1970er Jahren den Bystander-Effekt in vielen sozialpsychologischen Experimenten nachgestellt. Sie stellten fünf Schritte zur Umsetzung von aktiver Hilfeleistung als Prozessmodell dar. Hilfeleistung kann nur stattfinden, wenn die folgende Abfolge von Ereignissen realisiert wird:

- Nur wer ein Ereignis, das im Umfeld stattfindet, bemerkt, kann es auch
- als (potenziellen) Notfall interpretieren, bevor
- die Verantwortung dafür übernommen werden kann.
- Wenn man Möglichkeiten zu helfen kennt und kompetent ist zu handeln, kann schließlich auch
- die Entscheidung einzugreifen umgesetzt werden und aktive Hilfeleistung findet statt.

### Pluralistische Ignoranz

Wenn jedoch so viele Menschen ein und dieselbe Notsituation sehen, stellt sich immer noch die Frage, warum niemand den Anfang macht zu helfen.

> Eine Erklärung hierfür ist die **pluralistische Ignoranz** einer Gruppe. Jeder einzelne Beobachter der Situation nimmt an, es bestehe kein Anlass zur Beunruhigung, da kein anderer Beobachter betroffen wirkt oder einschreitet.

Die anderen Mitglieder der Gruppe „Beobachter“ werden als Informationsquelle für die Bewertung der Situation genutzt. Wenn demnach niemand reagiert, wird es schon nicht so problematisch sein.

Obwohl unterlassene Hilfeleistung nach dem deutschen Strafgesetzbuch sogar ein Straftatbestand ist, wird leider immer noch in vielen Notsituationen nicht eingegriffen. Ist das Wegschauen und Nichteingreifen vielleicht allzu menschlich (Nietzsche, 1878)? War das auch bei den vielen Soldaten der Fall, die bei Massenerschießungen „ihre Augen schlossen“, um ihr Verdrängungsvermögen zu bedienen? Das werden wir in dem Kapitel „Persönlichkeit und Devianz“ untersuchen.

In der **Sozialpsychologie** beschäftigt man sich mit dem Verhalten des Einzelnen und der Gruppe im Kontext sozialer Strukturen. So können **Gruppen** mit unterschiedlicher Intention nach definierbaren Prozessen handeln.

Die **Kommunikation** spielt eine große Rolle in diesen Prozessen, man kann anhand verschiedener Modelle Schwierigkeiten beim Kommunizieren vermeiden.

Auch die **Rollen** und Positionen von Individuen in Gruppen bestimmen deren Dynamik; ein Beispiel eines Experiments (Stanford-Prison-Experiment) zeigt, dass sich nicht vorhersehbare Handlungen einzelner und einer Gruppe unter bestimmten Bedingungen ergeben können.

Die **Einstellung** zu Personen oder Tatsachen ist ein weiterer Aspekt, der die Reaktionen des Individuums beeinflussen kann. Sie löst oft ein widersprüchliches Gefühl im Menschen aus, welches durch **Kognitionen** reduziert werden kann.

Ob man in einer Situation **prosoziales** oder gar **altruistisches Verhalten** zeigt, hängt von vielen **situativen** und **persönlichen Determinanten** ab. Aktive **Hilfeleistung** findet nur dann statt, wenn fünf Schritte vom Bemerken eines Ereignisses bis zum Eingreifen umgesetzt werden.

# 6

# Warum wir werden könnten, was wir sein sollten

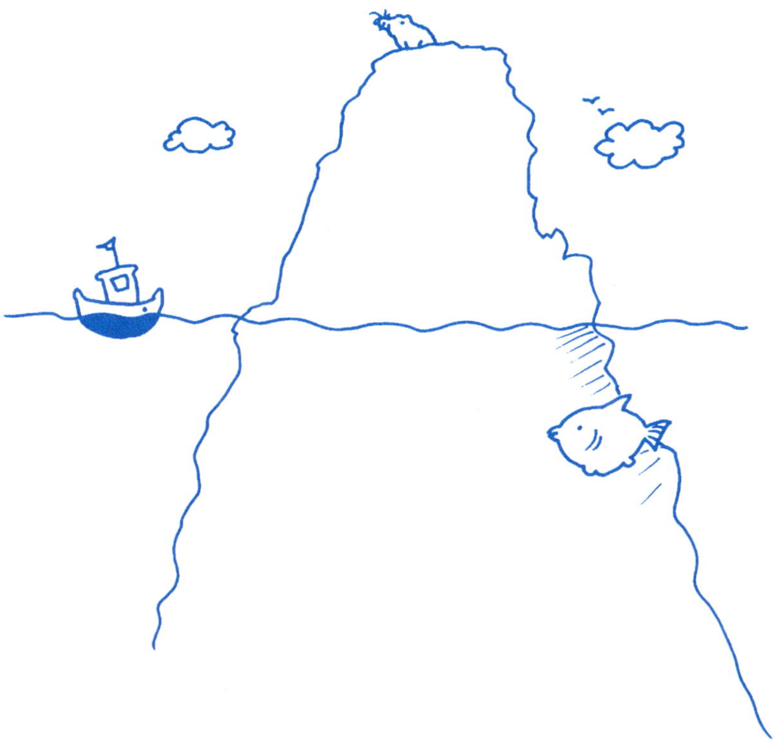

# Psychologie der Persönlichkeit und Devianz

**Warum wir werden könnten, was wir sein sollten**

Als der erste Wutausbruch vorüber war, dachte Mara darüber nach, was gerade mit ihr passiert war. Das hatte sie lange nicht erlebt. Sie hatte eigentlich ein ausgeglichenes Temperament, und nun lagen da zehn Wutzettel im Büro herum. Den wirklichen Grund konnte sie nicht finden, denn das Telefonat mit dem Raummanagement war ja nur der Auslöser – kein Raum für das Kompaktseminar in dem von ihr gewünschten Zeitraum verfügbar! Mara wollte gern dem allgemeinen Anspruch gerecht werden, eine ausgeglichene Persönlichkeit zu sein. Nur – welche psychologischen Kriterien standen dafür?

## Person, Persönlichkeit und Charakter

### Person

In der Alltagssprache ist es selbstverständlich, von Personen zu sprechen und Persönliches sehr differenziert zu betrachten. Der ursprüngliche etruskische Begriff Phersu hieß Maske und fand Eingang ins Lateinische: Persona – die **Maske** des Schauspielers. Das Innerste kann dargestellt werden, aber der Schauspieler bleibt durch die Maske geschützt. Sein ambivalentes Inneres wird zum Drama und auf der Theaterbühne nach außen gebracht. Der Zuschauer kann sich mit der Rolle identifizieren (**Katharsis**) (siehe auch Kapitel *Sozialpsychologie*).

### Persönlichkeit

Der Begriff der **Persönlichkeit** ist ein psychologisches Konstrukt, das ein reichhaltiges Forschungsgebiet der Psychologie geworden ist. Dynamische Persönlichkeiten machen eher auf sich aufmerksam als stille, introvertierte. Sensible Persönlichkeiten werden oft eingeschüchtert, wenn dominierende Persönlichkeiten auftreten. Die aus psychologischer Sicht beobachtbaren Phänomene sind so facettenreich, dass man nach zwei Merkmalsgruppen forscht, die einerseits konstant und überdauernd sind (genotypisch), und nach solchen, die zeitgebundenen Einflüssen (phänotypisch) unterliegen.

Persönlichkeit ist ein Sammelbegriff für die Einzigartigkeit eines Menschen und seine Kompetenzen (Grad der Intelligenz, Leistungen und Fertigkeiten, Kreativität, Kognitionen, Emotionen, Einstellungen und Interessen). Sie verändert sich im gesamten Lebenslauf. Die Veränderungsvarianz ist bis zum 30. und ab dem 70. Lebensjahr am größten. Diese Veränderungen gehen zum einen auf die biologische **Reifung** und zum anderen auf Anforderungen und Erfahrungen zurück.

Allerdings gilt auch, dass man hinter einem bestimmten Persönlichkeitstypus sein wahres Wesen verbergen kann. Vielleicht ist deshalb das Verkleiden im Karneval so beliebt: Die Maske verbirgt mein Wesen und ich kann endlich einmal die Rolle spielen, von der ich immer schon geträumt habe.

Im Kapitel *Praktische Psychologie* finden Sie zwei Beispiele, die Einblicke in klassische projektive Testverfahren geben: Rorschach-Test und TAT (=Thematic Apperception Test) von Murray. Projektive Testverfahren dienen der Persönlichkeitsdiagnostik. Die Probanden übertragen ihre bewussten und unbewussten Einstellungen auf vorgelegte Bildtafeln, die zum Erzählen auffordern.

### Charakter

Jede individuelle Persönlichkeit bildet einen eigenen Charakter aus. Was versteht man unter Charakter? Worin besteht sein Unterschied zur Persönlichkeit?

Gegen Ende des 17. Jahrhunderts aus der antiken Denkwelt des Theophrast übernommen und in die europäische Philosophie integriert (La Bruyère,1678), beschreibt den Begriff individuelle Eigenarten: Es geht um die Formung des Menschen, da der ursprünglich griechische Begriff „charactein" Grenzpfahl bedeutete und – auf den Menschen bezogen – das „Eingegrabene, Eingedrückte, Eingeprägte" symbolisiert. Im modernen psychologischen Konstrukt des Priming begegnet uns eine ähnliche Auffassung.

Mit Charakter wurden also auch Erkennungszeichen gleichgesetzt. Insofern haben nicht nur Personen, sondern auch Dinge in der Welt ihren eigenen Charakter. Der Charakter einer Landschaft oder Region prägt die Menschen und ihre Lebensart.

### Charakterkunde

Auch in der Charakterkunde kommt das Paradigma der Zweiteilung des Menschen zur Geltung: **Friedrich Nietzsche** (1844–1900) hatte gefordert, das sekundäre Erscheinungsbild des Menschen (Denken, **Bewusstsein**, Ratio) zu entlarven und seinen primären Kern, seine Trieb- und Instinktabhängigkeit, offen zu legen. Dazu müsse man, so Nietzsche, die vom Menschen geliebte Täuschung, er sei sui generis ein Bewusstseinswesen, aufheben. Bewusstseinsgeprägt kann er erst werden. Allerdings: Das erworbene Bewusstsein führe zu Irrtümern und Selbsttäuschungen (siehe Kapitel *Wahrnehmung*). Hinter der so begründeten Irrtumsfähigkeit lauere aber etwas Anderes – der Wille zur Macht.

Diese Gedanken waren natürlich eine Provokation, besonders für die Psychologie von **Wilhelm Wundt** und **William James**. Der damaligen Psychologie diametral entgegengesetzt war auch die dynamische Charakterologie von **Ludwig Klages** (1872–1956), der zu Beginn des 20. Jahrhunderts ein privates Forschungsinstitut in der Schweiz leitete. Für Klages wirkt der Intellekt störend auf die ursprüngliche Leib-Seele-Einheit des Menschen – der Geist wird zum Widersacher der Seele. Heute würden wir sagen: Manchmal steht man sich selbst im Weg.

Nach Klages treten im Charaktergefüge des Menschen fünf Faktoren in Wechselwirkung (**Interdependenz**): die Menge seiner Fähigkeiten und Begabungen, das Gleich- oder Ungleichgewicht von Beweglichkeit, Erregbarkeit und Hemmbarkeit, die Richtungsbestimmtheit durch Interessenausbildung, das Zusammenwirken dieser drei Faktoren untereinander und, fünftens, seine dadurch sichtbaren Haltungen im sozialen Kontext.

> **!** Aus der Charakterologie gehen zwei moderne Forschungsrichtungen hervor: Die Idiographie (beschreibend, phänomenologisch, schichtenmäßig) und die Nomothetik (erklärend, faktorenanalytisch-mathematisch) (siehe auch Kapitel Einführung).

### Temperament

Persönlichkeit findet ihren Ausdruck im Temperament, das aber nicht immer sichtbar wird. Oftmals verbergen wir unsere wahren Wünsche:

Das antike Modell der Temperamenten-Lehre basierte auf der Auffassung von den unterschiedlichen Körpersäften, denen vier Grundtypen (Prototypen) zugeordnet wurden: Choleriker, Phlegmatiker, Sanguiniker und Melancholiker. Diesen Prototypen können Gefühlsstimmungen zugeordnet werden (Reizbarkeit, Laune, Phlegma, Teilnahmslosigkeit, Antriebsarmut). Dabei spielt die Breite der Anwendung solcher **Stimmungen** eine Rolle: Reagiert der Mensch auf verschiedenste Situationen mit jeweils ähnlichen Stimmungen oder mit einem breiteren Gefühlsrepertoire? Dabei ist dann auch die Stärke der Reaktion aussagekräftig.

## Kretschmers Konstitutionslehre

Aus seinen Erfahrungen in der Psychiatrie heraus entwickelte der deutsche Psychiater und Neurologe **Ernst Kretschmer** (1888–1964) die **Konstitutionslehre**. Er vertrat die Auffassung, dass es zwischen psychischer Gesundheit und psychischer Erkrankung fließende Übergänge gäbe. Kretschmer war der Ansicht, in den **Körperbautypen** Leptosom oder asthenisch (überdurchschnittlich schlank), Pygniker (eher gedrungener, rundlich-dicker Körperbau) und Athletiker (psychologisch eher unauffällig, muskulös und kräftiger Knochenbau) einen Zusammenhang zwischen der körperlichen Konstitution und dem Grad der psychotischen Erkrankung erkennen zu können.

## Sheldons Temperamentstypen

Die Konstitutionstypen von Kretschmer nahm der amerikanische Arzt und Psychologe **William Herbert Sheldon** (1899–1977) als empirischer Forscher zum Anlass, in einer **Querschnittsanalyse** 4000 Probanden im Alter von 16 bis 20 Jahren aus drei Blickwinkeln unbekleidet zu fotografieren: von vorn, von hinten und von der Seite. Neutrale Personen gruppierten dann 12.000 Fotos nach Ähnlichkeiten. Erstaunlicherweise entstanden daraus drei Gruppen von **Körperbautypen**, obwohl 17 Körpermaße die Objektivität der Zuordnung untermauern sollten. Diesen Körperbautypen wurden nach weiteren empirischen Untersuchungen **Temperamentstypen** zugeordnet – zusammen bilden sie den Somatotypus, der in unterschiedlichsten Variationen vorkommt, äußerst selten jedoch in der jeweiligen extremsten Form:

Jedem persönlichen Erscheinungsbild können stets drei Werte aus A, B und C zugeordnet werden. „Reine" **Körperbautypen** sind im wirklichen Leben äußerst selten. Die entsprechende Zuordnung von **Persönlichkeitsmerkmalen** ist in der modernen Psychologie stark kritisiert worden, insbesondere, da empirische Belege für einen Zusammenhang fehlen.

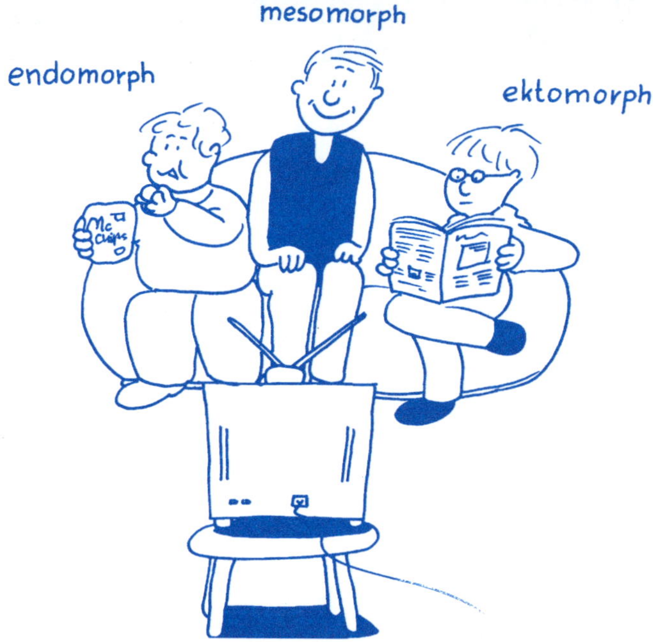


## Eysencks faktorenanalytisches Persönlichkeitsmodell

Die bisher beschriebenen Versuche, die Persönlichkeit mit empirisch-quantitativen Methoden verlässlich zu erfassen, schlossen letztlich auch subjektive Deutungs- und Zuordnungsmuster nicht aus. Ein Mehr an Objektivität in der Persönlichkeits-forschung versprachen sich **Hans Eysenck** (1916–1997) und **Raymond B. Cattell** (1905–1998). Aus ihren Untersuchungen ging das **faktorenanalytische Modell** hervor, in dem Dimensionen der Persönlichkeit hierarchisch geordnet wurden. Die Methode der Faktorenanalyse ist im schulischen Kontext meist nicht relevant und wird in der Regel erst in der Universität im experimentalpraktischen Modul gelehrt und angewendet.

Angeregt von dem Schweizer Tiefenpsychologen **Carl Gustav Jung** (1875–1961), der schon zwischen dem introvertierten und extrovertierten Typus unterschied, wollten sie wissen, wie man den Extroversionsfaktor (bei Eysenck **Extraversion**) quantitativ-statistisch-mathematisch bestimmen konnte. Dazu sammelten sie viele individuelle Verhaltensweisen (aus Beobachtungen, Testreaktionen und Persönlichkeitsfragebogen) und trugen sie in eine Tabelle ein. Aus 30 **Items** wurden jeweils drei in 15 **Gewohnheiten** gebündelt. Aufwändige Korrelationsberechnungen führten zu fünf Faktoren 1. Ordnung.

Die so gewonnenen Eigenschaften des Menschen führen auf Grund ihrer Korrelationen untereinander (**Interkorrelationen**) zu einem Gruppenfaktor, das heißt, sie treten mit hoher Wahrscheinlichkeit in ähnlichen Reizsituationen gehäuft auf: individuelle Persönlichkeitszüge, Faktoren 2. Ordnung (Extraversion versus Introversion, emotionale Stabilität versus Labilität (oder **Neurotizismus**) sowie die Disposition zum **Psychotizismus**).

Eysenck ordnet alle Merkmale in einem Fadenkreuz mit vier Sektoren an, die durch die klassischen charakterologischen Typen gebildet werden und durch den Grad der Ausprägung in vier Richtungen weisen: Unstabil – stabil und introvertiert – extravertiert. Er entwickelte einen ausführlichen Test zur Bestimmung von Persönlichkeitsmerkmalen, welcher den **Testgütekriterien** entspricht.

Die Gütekriterien sind Merkmale eines standardisierten Testverfahrens. Die **Objektivität** ist ein Maß für die Unabhängigkeit der Testergebnisse vom Testleiter, dem Auswerter und der individuellen Interpretation, so wird Standardisierung gewährleistet. Die **Reliabilität** misst die Genauigkeit der Ergebnisse durch **Retests** (Wiederholung durch die gleichen Versuchspersonen) oder **Paralleltests** (gleichzeitige Messungen in parallelen Gruppen). Die Validität zeigt an, ob der Test das misst, was er vorgibt zu messen, und bezieht sich auf den systematischen Fehler bezüglich des Außenkriteriums. Sie ist am schwierigsten zu messen, da man kaum belegen kann, dass ein Test beispielsweise Angst misst.

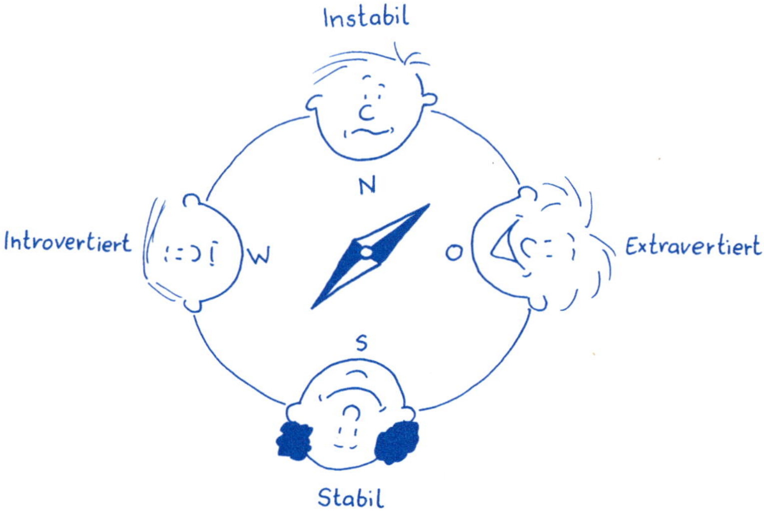


In Kapitel *Praktische Psychologie* finden Sie ein Beispiel aus dem Testmanual des Eysenck-Persönlichkeits-Inventars (E-P-I), Göttingen 1974 und Folgejahre.

Weitere Modellvarianten der Charakterologie finden Sie im Internet genauso wie detaillierte Beschreibungen zu Eysencks Faktoren 1. Ordnung.

Hier schließt sich der Kreis, dachte Mara unwillkürlich: Der Mensch könnte noch dezidierter als bisher vermessen werden. Eine Landkarte des Seelischen, klar berechenbar? Was aber geschieht mit Menschen, die nicht in ein solches Raster passen, aber auch eine vielschichtige Individualität besitzen? Mara seufzte: Absolut schwierige Kost. Gab es nicht auch psychologische Theorien, die nicht in ein mathematisches Schema passten? Dieser Frage würde sie sich in den nächsten Tagen zuwenden, denn es wurde Zeit, sich zu bewegen. Dag stand wild mit dem Schwanz wedelnd an der Tür und am Abend hatte Alwin sie eingeladen: Er wollte ihr etwas Wichtiges sagen …

## Der Faktor des Unbewussten

Die ruhige See oder der stille See, der zum Baden einlädt (Friedrich Schiller, Wilhelm Tell), sind bedeutungsvolle **Metaphern**, mit denen wir innere Erlebnisse beschreiben. Wir haben uns zum wiederholten Mal geärgert und es kocht in uns, aber wir dürfen die Fassung nicht verlieren. Wir sind ja gut erzogen und man lässt seinen Emotionen nicht immer freien Lauf. Tage später träumen wir von diesem unterdrückten Ärger und können danach nicht wieder einschlafen.

So erging es Alwin auch. Als Sohn eines erfolgreichen Geschäftsmannes hatte er kürzlich einen Albtraum. Er ging deshalb zu Prof. Ustad, der ihm angeboten hatte, mit allen unlösbaren Fragen zu ihm zu kommen

### Der Weg zum Unbewussten

Traumdeutungen hat es in der Menschheitsgeschichte immer schon gegeben. In den Clans und Stämmen konnten Schamanen und Medizinmänner den erzählten Träumen Sinn verleihen. Ihre Deutungen leiteten dann das Handeln der Menschen. Selbst Pharaonen und Könige hatten Respekt davor. Thomas Mann erzählt uns in seinem Roman „Joseph und seine Brüder", wie Joseph durch seine **Traumdeutungskunst** zum mächtigsten Verwalter Ägyptens aufsteigt. Viele Menschen glauben auch heute, dass Gott durch den Traum zu ihnen spricht (Überlieferungen des Alten Testaments). Der Traum wurde für **Sigmund Freud** (1856–1939) zur Via Regia – der königlichen Straße zum Unbewussten.

Als erstgeborener Sohn einer böhmischen Kaufmannsfamilie, die nach Wien umgezogen war, studierte er Medizin in Wien und erhielt eine umfassende Ausbildung als Gehirnphysiologe. 1885/1886 ging Freud für vier Monate zu dem berühmten Hysterie-Forscher **Jean Marie Charcot** (1825–1893) an der Salpêtriére in Paris, der in seinen Vorlesungen durch hypnotisch herbeigeführte Hysterie-Anfälle seiner Patientinnen wissenschaftliche Aufmerksamkeit erregte. Über das Studium sogenannter „fixer Ideen" kam Freud zu der Auffassung, dass sie Grundlage für **Neurosen** sein könnten.

### In der Analyse

Ende des 19. Jahrhunderts ließ Freud sich als praktischer Arzt in Wien in der Berggasse 19 nieder. Bald machte er durch seine damals unkonventionellen Behandlungsmethoden von sich reden. In der **Talking Cure** forderte er seine Patientinnen und Patienten auf, von ihren Problemen und Träumen zu erzählen und absolut nichts auszulassen, auch wenn man sich schämte, es zu erzählen. Dabei spielten einerseits natürlich sexuelle Phantasien und erotische Träume eine Rolle, andererseits aber auch das vom Therapeuten geleitete Zurückgehen in die Kindheit bis zu dem Punkt, an dem die heftigsten Reaktionen des Patienten hervorgerufen wurden. Dieser Punkt, so dachte Freud, müsste dem Patienten bewusst gemacht werden. Durch die Bewusstwerdung würden dann die neurotischen Symptome aufgelöst.

Die von Freud begründete **Psychoanalyse** (1. **Wiener Schule** der Tiefenpsychologie) stellte einerseits ein theoretisches Konzept über bewusste und unbewusste psychische Vorgänge (vor allem Gefühle, Wünsche und Konflikte), andererseits eine psychotherapeutische Behandlungsmethode dar. Psychisch kranke Menschen hatten eine Leidensgeschichte. Freud half ihnen, sich auch an Schlimmes zu erinnern. Dabei gewann er die Erkenntnis, dass Störungen mit neurotischer Ausprägung durch unverarbeitete Prozesse in der Kindheit entstehen. So entwickelte er das Phasenmodell der **psychosexuellen Entwicklung**.

## Psychosexuelle Entwicklung

Freud unterscheidet im Wesentlichen sechs Phasen der psychosexuellen Entwicklung. Im 1. Lebensjahr entdeckt das Kind lustbetonte erregende Körperzonen. In der anschließenden **oralen Phase** sind Nahrungsaufnahme durch den Mund und Sexualtätigkeit eins: Der Mundbereich als erogene Zone ist bestimmend. Freud spricht von der „Einverleibung des Objektes" (**archaischer Ursprung**).

In der **anal-sadistischen Phase** spürt das Kind, dass es seine Ausscheidungsmuskeln steuern kann. Die „Sitzung auf dem Topf" wird zur Geduldsprobe der Eltern. Da Ausscheidung und ihr Zurückhalten gleichermaßen lustbetont sind, werden gewollte Aktivität und Passivität Entscheidungssache des Kindes (ICH-Bewusstsein).

Im 4. Lebensjahr etwa richtet sich die kindliche Sexualität stärker auf den gegengeschlechtlichen Elternteil: Die Mutter wird zum Sexualobjekt des Jungen, der Vater zum Sexualobjekt des Mädchens. Freud sieht hier die Grundlagen für die späteren **Ödipus-** und **Elektra-Komplex-Theorien**. Eifersuchtsgefühle sind an der Tagesordnung. Die Vorstellungswelt gerät durcheinander. Die angespannte seelische Lage scheint sich etwa ab dem 7. Lebensjahr zu beruhigen, da die sexuellen Interessen des Kindes in den Hintergrund treten. Psychoanalytisch spricht man von der Wandlung der Libido: Geistige Interessen treten normalerweise in den Vordergrund. Prozesse der **Sublimierung** sind damit möglich.

Mit dem körperlichen Wachstum einher geht die allmähliche Ausprägung sekundärer Geschlechtsmerkmale (Schamhaare, Brüste, Penis). In dieser genitalen Phase (ab etwa 11 bis 12 Jahren) richtet sich die sexuelle Energie zunehmend auf Partner oder auf die eigene Bedürfnisbefriedigung. Fürsorgliches, aufgeschlossenes Verständnis der Erziehungsberechtigten ist jetzt angesagt.

Die kritischen Begleiterscheinungen (nicht entwicklungsgerechte Ablösung einzelner Phasen; gegebenenfalls Fixierung auf eine frühere Phase oder Rückfall in eine solche) führen im weiteren Lebensverlauf zu seelischen Belastungen oder neurotischen Symptomen, die psychoanalytisch bewusst gemacht werden können.

## Instanzen des Psychischen

Das psychoanalytische Kernstück ist die Einteilung des Seelischen in drei Instanzen und lässt sich am besten mit dem „Eisberg-Modell" vergleichen:

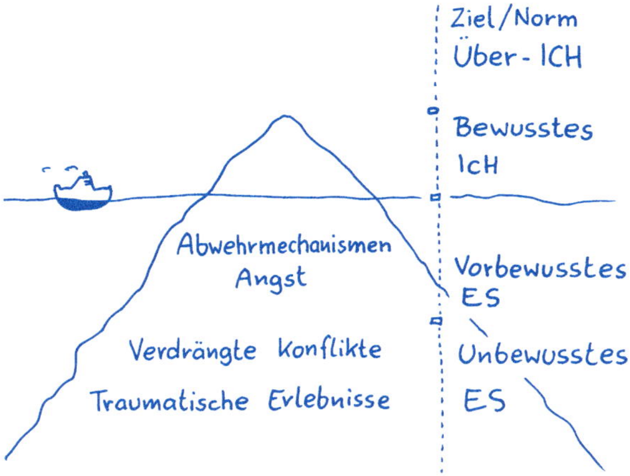


Das Selbstbewusstsein des Menschen ist nach psychoanalytischer Auffassung abhängig von der Triebregulierung (ES) einerseits und den moralischen, ethischen, religiösen und gesellschaftlichen Erwartungen (Über-ICH) andererseits. In dem Maße, in dem ich zwischen diesen beiden Ebenen vermitteln und beide Gegenrichtungen in Einklang bringen kann, ohne mich oder andere zu schädigen, in dem Maße gelingt mir die Anpassung an die Realität: Mein ICH ist zu einer Vermittlungsinstanz geworden, die mir ein friedliches Zusammenleben mit anderen ermöglicht. Ich fühle mich ausgeglichen und angenommen.

Gelingt mir die Vermittlung und der Ausgleich der widerstrebenden Über-Ich- und ES-Konstrukte nicht, dann schwäche ich meine ICH-Kompetenz und lasse mich zunehmend von den Kräften des ES oder des Sollens (Über-ICH) beherrschen. Ich laufe Gefahr, neurotisch oder gar psychotisch zu erkranken. Bei einer ausgeglichenen Persönlichkeit sind die drei Bereiche gleich stark. Bei Persönlichkeiten mit geschwächtem Selbstwertgefühl können Über-ICH und ES bedrohlich stärker sein.

So kann man sich eine ausgeglichene ICH-starke Persönlichkeit vorstellen:

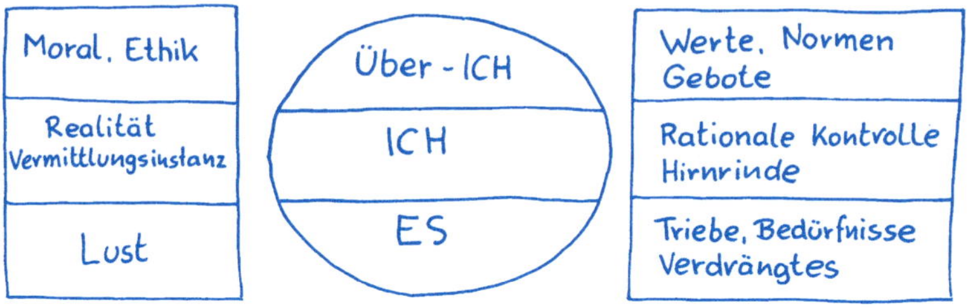


**Individualpsychologie und Analytische Psychologie**

Zu den ersten Weggefährten Freuds gehörte Alfred Adler (1870–1937) aus Wien.

**Alfred Adler** begründete die **Individualpsychologie**, die den Menschen als eine unteilbare Einheit sieht und deren Ziel es ist, den Menschen gemeinschaftsfähig zu machen: Sein nach der Geburt erlebtes **Minderwertigkeitsgefühl** wird durch Korrektur des **Lebensstils** überwunden und gemeinschaftsfähig (Normalität).

Minderwertigkeitsgefühl

Minderwertigkeitskomplex

Der Schweizer Arzt und Psychiater **Carl Gustav Jung** (1875–1961) ging bald aber auch seinen eigenen Weg: Persönlichkeitsentfaltung erfolge durch **Individuation**, indem man dem Patienten helfe, die dunkle Seite des unbewussten Seelenlebens durch die Aufdeckung der Angst auslösenden seelischen Urbilder (**Archetypen**) zu klären und mit dem **kollektiven Unbewussten** in Einklang zu bringen.

Die mit Freud vergleichbar großen Theorien des Unbewussten von Alfred Adler und C.G. Jung finden Sie im Internet multimedial dokumentiert, so dass Sie viel entdecken können (z.B. den 2011 entstandenen Kinofilm „Eine dunkle Begierde", ferner die DVD „Berggasse 19", Schauspiel von Henry Denker, *www.josefstadt.org*, und der Hinweis auf das letzte große Interview mit C.G. Jung: „A matter of heart").

## Was ist heute noch normal?

„Charakterlose Typen, kranke Menschen." Mara war besorgt. Sie hatte einiges über Mobbing-Fälle in der Stadt gelesen. In ihrem letzten Elternkurs hatten die Eltern von Facebook-Erfahrungen ihrer Kinder berichtet. Von Cybermobbing und Cybergrooming war die Rede gewesen. Jedes dritte Kind, das im Internet regelmäßig surft, war schon einmal Mobbingopfer geworden. Warum überschritten Menschen jeden Alters immer wieder Grenzen des Persönlichen, der Scham und des Intimen? Welchen Rat konnte sie Alwin und seiner Cousine geben? Ist das noch normales Verhalten? Sie musste sich mit dem Problem befassen.

Der Begriff **Normalität** wird sowohl von der Wissenschaft als auch von Institutionen und im allgemeinen Sprachgebrauch verwendet – insofern ist eine genaue Definition kaum möglich. Normalität kann ganz allgemein als kognitives Ordnungsmuster bezeichnet werden, welches menschliches Verhalten und Erleben als akzeptabel oder erwünscht beurteilt. Davon abzugrenzen ist das abweichende, deviante Erleben und Verhalten, welches nicht mehr gewissen Normen entspricht.

Der **Norm**begriff (Norm: lat. Richtschnur, Regel, Winkelmaß) wurde u.a. durch die Soziologie geprägt und bezeichnet ganz allgemein Regeln, die, aus Werten abgeleitet, von Menschen formuliert, aufrechterhalten, verändert oder abgeschafft werden und festlegen, was in einer bestimmten Situation eine sozial angemessene Reaktion ist. Der Begriff **Devianz** bezeichnet von dieser Norm abweichendes Verhalten. Die Faktoren, welche nicht angepasstes Verhalten bestimmen, sind historisch, gesellschaftlich und kulturell unterschiedlich.

Daraus ergeben sich folgende Bezugsrahmen für die Festlegung des Normbegriffs:

- die **statistische Norm** (abnorm ist das statistisch Ungewöhnliche, das extrem vom Durchschnitt abweichende Verhalten oder Merkmale wie ein sehr hoher IQ oder andere auffallende Testwerte)
- die **kulturelle Norm** (abnorm ist das Handeln entgegen den von der Gesellschaft definierten Regeln wie dissoziales Verhalten, skurriles Auftreten)
- die **subjektive Norm** (abnormes Erleben ist individuell definiert, intraindividuelle Bedingungen sind hier der Maßstab der Beurteilung wie ein persönlicher Leidensdruck in einer schwierigen Situation)

- die **Idealnorm** (abnorm ist das moralisch verwerfliche Erleben oder Verhalten, welches von der Gesellschaft formuliert und weltanschaulich begründet ist wie – im westlichen Kulturkreis – Polygamie)

### Kann man Normalität messen?

Die Frage nach der Messbarkeit ist nicht nur für die Einordnung in gesellschaftlich erwünschte Normen wichtig, sondern auch für die Forschung. Des Weiteren beziehen sich Kranken- und Rentenversicherungen bei der Berechnung von Leistungen auf die Diagnosen von Ärzten und Psychologen. In der Regel müssen mehrere Aspekte der o.g. Normverletzungen auftreten, um als deviant eingestuft zu werden.

Zurzeit existieren zwei weltweit anerkannte und vereinheitlichte Diagnose- und Klassifikationssysteme: Das von der Weltgesundheitsorganisation herausgegebene **ICD 10** (International Classification of Diseases) und das Klassifikationssystem der Amerikanischen Psychiatrischen Vereinigung **DSM IV** (Diagnostical and Statistical Manual of Mental Disorders). Die Herausgabe einer aktualisierten Version des DSM (Version V) ist für das Jahr 2013 vorgesehen.

Das DSM enthält fünf Achsen, auf denen Störungen beschrieben werden. So wird nicht nur die Ebene der Störung selbst betrachtet, sondern auch weitere Aspekte, die im Zusammenhang relevant sein könnten, wie persönliche Erfahrungen oder Bedeutung für das tägliche Zusammenleben.

Auf der ersten Achse werden klinische Störungen (**psychische Störungen** mit Ausnahme der Persönlichkeitsstörungen und der geistigen Behinderungen) eingeordnet, die zweite Achse umfasst Persönlichkeitsstörungen und geistige Behinderungen, auf der dritten Achse finden sich **somatische** medizinische Krankheitsfaktoren (z.B. Herzleiden, Muskelerkrankungen). Die vierte Achse misst psychosoziale und umweltbedingte Probleme (in Familie, Schule oder Partnerschaft), und die fünfte Achse erfasst das allgemeine Funktionsniveau auf einer Skala von 0–100. Hier werden soziale, psychische und berufliche Funktionen auf einem Kontinuum zwischen psychischer Gesundheit und extremer Störung beurteilt, die Leitfrage ist hier, wie selbstständig der Betroffene sein Leben privat und beruflich gestalten kann.

Die Thematik „psychische Störungen“ ist so weit gefasst, dass an dieser Stelle nur sehr rudimentär auf einzelne Aspekte eingegangen werden kann.

## Angst – die hat doch jeder mal

Angst ist eine menschliche Grundemotion und führt zu einer körperlichen Reaktion, die ein Bewältigen der Situation ermöglicht. Angst vor extremen Höhen oder in einer bedrohlichen Situation ist nicht außergewöhnlich und kann sogar sehr gesund sein. So ist es richtig, sich durch Flucht einer gefährlichen Situation zu entziehen, der Puls ist erhöht und es kommt zu einer Hormonausschüttung – man verspürt Angst.

**Angst** wird erst dann als **pathologisch** bezeichnet, wenn sie chronisch wird, zu extremer Beeinträchtigung der Lebenssituation führt, nicht mehr vom Individuum alleine bewältigt werden kann und der Situation unangemessen ist.

**Angststörungen** zählen neben Depressionen zu den häufigsten psychischen Erkrankungen in Deutschland. Es werden verschiedene Formen der Angststörung unterschieden, die in drei Hauptkategorien eingeteilt werden.

Bei der **Panikstörung** treten Beklemmungsgefühle, Herzrasen, Schwindel und andere physische Symptome auf, so dass es unerwartet und ohne konkreten Anlass zu einer Angstattacke kommt. Meist dauern diese Attacken nur wenige Minuten, sie können jedoch auch stundenlang anhalten.

Eine **generalisierte Angststörung** entwickelt sich im Gegensatz dazu zumeist langsam. Alltägliche Dinge rufen Befürchtungen und Sorgen hervor, die nicht realistisch sind, in die man sich jedoch hineinsteigert. Dieser Zustand kann wochen- oder monatelang andauern.

**Phobien** hingegen sind Ängste, die durch konkrete Objekte, Personen oder Situationen ausgelöst werden. In der Regel werden diese Angst auslösenden Objekte vermieden, so dass sich die Angst manifestiert. Hier werden wiederum je nach Angst auslösendem Objekt z.B. die **Agoraphobie** (Angst vor großen Plätzen), **soziale Phobien** oder **spezifische Phobien** unterschieden.

Das alltägliche Leben wird häufig extrem eingeschränkt, so wird z.B. im Fall einer Prüfungsangst jede Situation vermieden, in der es zu einer prüfungsähnlichen Lage kommen kann. Dies kann im schulischen Bereich zu Schulschwänzen, Lügen oder Urkundenfälschung führen.

### Werde ich meine Angst denn nie mehr los?

Im klinischen Bereich bietet die Psychologie viele Möglichkeiten, psychische Störungen zu ermitteln, zu behandeln und zu heilen. Welche Therapieform die richtige ist, muss von Fall zu Fall entschieden werden. Es hängt unter anderem davon ab, wie die Anamnese verlaufen ist, welche Symptome sich äußern und natürlich, um welche Störung es sich handelt. Außerdem ist es wichtig, danach zu fragen, wie eine Störung entstanden ist – wenn man davon ausgeht, dass eine Störung falsch erlerntes Verhalten ist, werden **verhaltensorientierte Therapieformen** eingesetzt, welche Umlernen oder Neulernen zum Ziel haben. Sie gehen von den Modellen des Behaviorismus aus und fokussieren die nachhaltige Reduzierung von Angst auslösenden Situationen.

**Kognitive Verfahren** wiederum helfen, falsche Wahrnehmungen und Denkweisen über sich und die Umwelt umzudeuten und neu zu bewerten. So können Gedanken wie „ich muss perfekt sein" oder „jeder muss mich mögen" Ursachen für ein falsches Selbstbild sein, welches zu Depressionen oder Angst führen kann.

Eine **Gesprächstherapie** orientiert sich an humanistischen Grundannahmen und geht davon aus, dass der Mensch den Wunsch zur Selbstentfaltung hat, so dass es das Ziel der Therapie ist, eine voll funktionsfähige Persönlichkeit zu erreichen, deren Motive, Bedürfnisse und Gefühle im Einklang sind.

Die **Psychotherapie** ist eine Methode, die sich auf tiefenpsychologische Modelle beruft und zunächst die Ursachen einer Störung als nicht befriedigte Erlebnisse in einer der Entwicklungsphasen sieht. Hier gilt es, unbewusste Prozesse, etwa mit freier Assoziation oder Hypnose, aufzudecken und zu interpretieren.

Unter den vielen Störungen wird hier eine Form der spezifischen Phobie, die Angst vor Prüfungen, exemplarisch erläutert: Betroffene befürchten, in einer Prüfungssituation zu versagen, und haben gleichzeitig Angst vor den negativen Konsequenzen, so dass das Selbstwertgefühl sinkt. Selbstzweifel kommen auf und die nahende Prüfung wird als Bedrohung gesehen.

Zur wirksamen Reduktion von **Prüfungsangst** sollte man das an sich selbst gestellte **Anspruchsniveau** senken, sich gut vorbereiten und **Lernstrategien** optimieren, um die subjektive Kompetenz (Selbstwert) zu steigern und die negativen, individuell als unangenehm empfundenen Konsequenzen für den Fall des Nichtbestehens vermindern.

Ein verhaltenstherapeutisch orientierter Ansatz wird beispielsweise an den **Gedanken** und vor allem am konkreten **Verhalten** des Hilfesuchenden arbeiten.

Die Angst machenden Gedanken werden bewusst gemacht und beispielsweise nach ihrer Logik hinterfragt. Andere Möglichkeiten, eine Situation einzuschätzen, werden gesucht, indem man überlegt, was man einem Freund in dieser Situation raten würde. Es werden realistische Gedanken an Stelle der unrealistischen gesetzt (z.B. „auch wenn ich nicht alles 100% weiß, kann ich eine gute Prüfung machen").

Des Weiteren soll das Vermeidungsverhalten im Fall einer Prüfung reduziert werden, also muss man sich der Situation wieder stellen. Man kann sich langsam dieser konkreten Situation nähern, indem man sie zunächst in Übungen antizipiert und eine Angst auslösende Situation simuliert.

Im Internet finden Sie Informationen und Materialien zu dem konkreten verhaltenstherapeutischen Ansatz der Systematischen Desensibilisierung sowie zu weiteren Therapieformen auch anderer psychischer Störungen (Posttraumatische Belastungsstörungen, Essstörungen, Depressionen, Sucht und Neurosen) nebst weiterführender Literatur. Linktipp: *http://www.verhaltenswissenschaft.de/*

Die **Persönlichkeitspsychologie** forscht nach gemeinsamen Merkmalen aller Menschen und ihrer individuellen Unterschiede. Dies kann **nomothetisch-experimentell** und **idiographisch-kasuistisch** erfolgen.

**Typologische Zuordnungen** sind hilfreich, um das Profil eines Menschen zu entwerfen und aufgrund diagnostischer Erkenntnisse Hilfesuchenden therapeutische Verfahren zu empfehlen.

**Diagnostische Testverfahren** untermauern die Hilfsmaßnahmen der Fachleute. Die individuelle Persönlichkeitsentfaltung mit der Fähigkeit zur **Selbsterkenntnis** (Zugang zu unbewussten Strebungen) ist dabei unerlässlich (**Selbstregulierung**).

**Abweichendes Verhalten** ist therapierbar – man muss dies nur wollen. **Ängste** können beherrschbar werden, wenn man sich fachlicher Hilfe anvertraut. Ausgewogene ICH-Stärke ist (wieder) erlernbar.

# Wie wir gern arbeiten und dabei gesund bleiben können

7

# Arbeits- und Organisationspsychologie

## Wie wir gern arbeiten und dabei gesund bleiben können

Zum Ende des Semesters rekapitulierte Mara das vergangene halbe Jahr – viel Neues hatte sich ihr eröffnet. Doch immer wieder stellte sie sich die Frage, wo eigentlich Psychologen arbeiten – außer an der Uni und in therapeutischen Einrichtungen. Man konnte Psychologie auf Lehramt studieren und auch in Forschungsinstituten wurden Psychologen gesucht. Und wo sonst noch? Mara setzte sich an ihr Notebook und fand einen nicht so bekannten Aspekt angewandter Psychologie.

## Die Arbeitsfelder der Arbeits- und Organisationspsychologie

Die Bedingungen auf dem Arbeitsmarkt haben sich in den letzten Jahren weltweit stark verändert – wirtschaftliche Ursachen wie die zunehmende **Globalisierung** und der **soziale Wertewandel** haben dazu beigetragen. Auch die familiären Konstellationen (z.B. Patchwork Family) haben sich verändert. Die Sicherheit, einen Arbeitsplatz dauerhaft einzunehmen, ist nicht mehr gegeben, so dass Arbeitnehmer sich zunehmend flexibel orientieren müssen, Adaptation und lebenslanges Lernen sind hier **Schlüsselkompetenzen** für den Erhalt moderner Arbeitsplätze. Psychologen beobachten, erklären und analysieren diese psychosozialen Prozesse.

Über die historische Entwicklung wirtschaftlicher Prozesse vom Taylorismus bis zur sozialen Marktwirtschaft und der des sozialen Wertewandels können Sie im Internet nachlesen.

Auch Arbeitgeber müssen sich den veränderten Bedingungen stellen und nehmen die Dienste von Arbeits- und Organisationspsychologen in Anspruch. Insbesondere bei der **Personalauswahl** und der **Personalentwicklung** werden sie tätig. Sie analysieren **Führungsstile**, diagnostizieren personelle Kompetenzen und entwickeln alternative Handlungspläne für Organisationen. Nach Kals et al. (2011) werden vor allem die nachstehenden Themen aufgegriffen.

Die klassischen Fragestellungen sind: Wie lassen sich Arbeitsplätze und -systeme in ihrer Wirksamkeit analysieren, bewerten und optimal (ökonomisch, human) gestalten? Wie lässt sich hierarchisches Gefälle von über- und untergeordneten Tätigkeiten humanverträglich gestalten? Welcher Führungsstil ist zielführend?

Mara saß mal wieder viel zu lange an ihrem Schreibtisch und arbeitete für ein Seminar. „Fürchterliche Bedingungen sind das", dachte sie „dabei weiß die Psychologie doch schon ganz gut, wie der Mensch sich wohl fühlt. Jedenfalls nicht so lange an einem Thema an einem Ort!" Sie ging mit Dag auf einen langen Spaziergang und las am Abend weiter auf den Seiten im Netz zum Thema „Arbeits- und Organisationspsychologie".

## Markt und Mobilität

Nach Frey und Hoyos (2005) können die Disziplinen der **Arbeits- und Organisationspsychologie** nur schwerlich voneinander abgegrenzt werden. Sie sind ein bedeutsames Anwendungsgebiet der **Wirtschaftspsychologie**, die sich mit dem Menschen als Konsument und Produzent im Wirtschaftsleben beschäftigt.

So muss berücksichtigt werden, dass immer mehr Frauen berufstätig sind, somit sich also familiäre Strukturen parallel zu den Arbeitsbedingungen verändern, oder dass das produzierende Gewerbe zunehmend in andere Länder verlagert wird (**Outsourcing**).

Menschen als Teil der marktwirtschaftlichen Produktionskette zu sehen, leuchtete Mara ein – doch das kann nicht die einzige Sichtweise sein. Die modernen Arbeitsbedingungen bedeuten erhöhten Stress – darüber recherchierte sie zuerst.

## Stress und Umgang mit Stress

In der modernen Arbeitswelt werden die Belastungen für den Einzelnen immer größer. Einerseits stehen **Organisationen** (Unternehmen, Dienstleister und Verwaltungen) unter einem hohen Druck zu Veränderungen aufgrund von technischen Innovationen oder optimierten organisatorischen Strukturen, um wettbewerbsfähig zu bleiben. Andererseits benötigen Organisationen dafür leistungsfähiges, motiviertes und gesundes Personal (humane Komponente) – was kann man jedoch bei erhöhtem Stress am Arbeitsplatz tun?

Grundsätzlich sind eine mitarbeiterorientierte Führung einer Organisation und betriebsinterne Vertrauensbildung sowie die soziale Vernetzung mit dem Ziel, das Wohlbefinden und die Gesundheit der Mitarbeiter zu stärken, für einen stressfreien Arbeitsplatz verantwortlich. Stress am Arbeitsplatz bedeutet z.B., dass man keine Kontrolle über seinen Arbeitsprozess hat, dass man den Aufgaben nicht gewachsen ist oder von den Kollegen und Vorgesetzten nicht unterstützt wird. Letzteres kann sogar zu **Mobbing** führen.

INTERNET

Eine Definition von Mobbing, Fallbeispiele und Hilfen in Mobbingfällen finden sich im Internet.

Menschen leiden unter **Stress**, wenn sie die Anforderungen, die sie erfüllen sollen, nicht mehr mit den Mitteln erfüllen können, die sie zur Verfügung haben. Stress ist primär eine psychische Belastung, er wird sich aber auch auf die körperliche Gesundheit auswirken, wenn es sich um einen länger andauernden Zustand handelt (siehe Kapitel *Persönlichkeit*).

### Wie kann man Stress vermeiden oder reduzieren?

Tinnitus, Herz-Kreislauf-Beschwerden, plötzliche Schweißausbrüche, eine gefühlte Leere im Kopf bis hin zur Antriebsarmut können Hinweise auf Stress sein. Große Betriebe haben entsprechende Betriebsärzte. Kleinere Betriebe setzen häufig das Konzept eines betrieblichen Gesundheitsmanagements ein, welches grundlegende Informationen zu allgemeinen Gesundheitsthemen bietet oder Entspannungs- und Bewegungsangebote in den Pausen macht. In besonderen Fällen werden Schichtarbeiter bezüglich ihrer Ernährungs- und Schlafgewohnheiten beraten oder es findet ein **Coaching** bei psychischen Belastungen, auch persönlicher Art, statt.

Viele Krankenkassen haben sich dieses Themas angenommen und erarbeiteten Leitfäden zur Diagnose (Erkennung), Behandlung und Reduzierung bzw. Vermeidung von Stress. Ein gutes Beispiel für einen solchen Leitfaden findet sich bei der Techniker Krankenkasse (*www.tk.de/centaurus/.../Broschuere-Stress-erfolgreich-managen.pdf*).

Mara war beeindruckt. Das Thema Stress und der Umgang damit war also in der Arbeitswelt weit verbreitet. Nicht nur sie hatte Druck und Stress an der Uni (wie auch damals in der Schule) – das Problem hatten alle Organisationen und vor allem die Menschen in diesen Systemen. Wie muss denn ein optimaler Arbeitsplatz aussehen, an dem man sich wohl fühlt?

## Wie der Arbeitsplatz aussehen sollte

Der Ort, an dem gearbeitet wird, ist unmittelbar mit der Gestaltung der jeweiligen Arbeit verbunden. Hiermit sind die Arbeitsumgebung (Licht, Klima, Belüftung), der Arbeitsplatz (Körperstellung, Körperhaltung, Arbeitszeit, Pausen, Arbeitsschutz) und die Arbeitsorganisation (Arbeitsstrukturierung) gemeint. Eine optimale Strukturierung umfasst einen geplanten Arbeitsplatzwechsel (**Job Rotation**), um die Vielfalt der Aufgaben zu erhöhen, eine Arbeitsvergrößerung (**Job Enlargement**) und eine Arbeitsanreicherung (**Job Enrichment**), um den Handlungsspielraum zu erweitern und durch diese Aufgabenvielfalt mehr Qualität zu erreichen.

Menschengerechte (humane) **Arbeitsgestaltung** sollte mit Blick auf Qualifikation, Motivation, Kontrolle, Belastung und Arbeitsplatzgestaltung geplant werden. Wichtige **räumliche Faktoren** sind Helligkeit, Lärm und Raumklima, **soziale Faktoren** sind Lob, Entgelt, Freiraum und Aufstiegschancen.

## Teamwork

Eine oft genutzte Verfahrensweise zur Steigerung von Motivation, Produktivität und Qualität ist Teamarbeit (**Teamwork**) (siehe Kapitel *Sozialpsychologie*). Wenn etwa ein Unternehmen einen Internetauftritt plant, müssen verschiedene Berufsfelder zusammenarbeiten – der Auftraggeber teilt seine Ideen einem Programmierer mit, der einen Grafiker einschaltet, man entwirft Ideen und verwirft sie eventuell wieder. Schließlich soll ein Produkt vermarktet werden, so dass zudem eine Agentur beauftragt wird.

Nicht immer kann man die Arbeitsplätze so gestalten, dass **Teamwork** möglich ist. Die Arbeit muss **projekt**orientiert sein, d.h., eine Gruppe von Mitarbeitern handelt individuell (mit allen zur Verfügung stehenden Ressourcen: Wissen, Kompetenzen und Qualifikation), um in Absprache mit den anderen ein gemeinsames Ziel zu erreichen. Jeder einzelne ist für das Resultat der Arbeit in gleichem Maße verantwortlich, man ergänzt sich mit seinen Fähigkeiten, man rudert in einem Boot in eine gemeinsame Richtung.

Die Autoindustrie ist ein Beispiel für den Perspektivwechsel in der Wirtschaft. Seit der Erfindung des Fließbands durch **Henry Ford** (1863–1947) galt es, schneller und effektiver Fahrzeuge zusammenzubauen. Dadurch wurde der einzelne Arbeiter vom Arbeitsprozess entfremdet. Heute gibt es wieder Konzepte, die ganzheitlich nach dem Prinzip des Teamworks vorgehen: Der Einzelne wird in den Prozess integriert und seine Arbeit wird gewürdigt. Die Produktionsstätte des Opelkonzerns in Bochum ist exemplarisch zu nennen.

Wichtige Details zu den Faktoren der Arbeitsgestaltung (Helligkeit und Lichteinfall, Lichtschutz an Fenstern, Mindestflächen bei einem, zwei oder drei Mitarbeitern im Büro, Lärmgrenzwerte bis 55 dB und andere wichtige Normwerte) finden sich im Internet unter *http://www.wirtschaftslexikon24.net*. Des Weiteren lesen Sie einen Bericht über die Zusammenarbeit der Firma Opel mit der Ruhruniversität Bochum *http://www.uni-protokolle.de/nachrichten/id/40882/*.

## Wenn Arbeit krank macht

Der Begriff **Burnout** wird in der wissenschaftlichen Fachliteratur nicht einheitlich definiert. Zusammenfassend kann man ihn als einen Zustand physischer oder seelischer Erschöpfung beschreiben, welcher als Resultat lang anhaltender negativer Emotionen entsteht, die sich durch die Arbeit und das Selbstbild des Menschen entwickeln. Oft handelt es sich um einst hoch motivierte und leistungsfähige Mitarbeiter. Ursachen können zu hohe Belastungen am Arbeitsplatz sein, die **extrinsisch** (von außen, z.B. durch den Chef) und **intrinsisch** (von innen, eigene Ziele) begründet sein können.

Es gibt vielschichtige **Symptome**, die ein Burnout-Syndrom ankündigen können, auf psychischer Ebene (Gleichgültigkeit, Konzentrationsmangel), auf physischer (Schlafstörungen, Müdigkeit) oder es kann sich im veränderten Verhalten (Aggression, Drogenkonsum) zeigen. Auch in sozialen Beziehungen (Einsamkeit, familiäre Probleme) oder bei der Änderung der persönlichen Einstellung (Verlust von Idealismus, Zynismus) kann man Symptome nachweisen.

Doch Arbeit kann auch anders krank machen. Ängste, Kopfschmerzen, Schlafstörungen, aber auch psychosomatische Erkrankungen, Herz-Kreislauf-Erkrankungen oder Magen-Darm-Erkrankungen können Folge von nicht nach humanen Kriterien organisierter Arbeit sein. Selbst **ergonomische Mängel** am Arbeitsplatz, wie die oben beschriebenen schlechten Klima- und Lichtbedingungen oder nur sitzende Tätigkeiten ohne Bewegungsausgleich, können zu Krankheiten wie Rücken- und Kopfschmerzen sowie zu Konzentrationsstörungen führen.

Es ist Aufgabe der Unternehmen und der verantwortlichen Führungskräfte, diese belastenden Faktoren, die immer auch im Zusammenhang mit den spezifischen Anforderungen in einer Organisation stehen, zu vermeiden. Hier eröffnet sich das Arbeitsfeld der Organisationspsychologie.

## Lernen Organisationen auch?

Es gibt viele Ansätze, den Begriff Organisationsentwicklung zu definieren. Sie haben einige Merkmale gemeinsam: Die Organisation (das Unternehmen, die Institution) soll sich wandeln, diese **Veränderung** soll bewusst geplant sein. Ziel ist es, die Kultur, das System und das Verhalten einer Organisation so zu modifizieren, dass ihre Ziele effektiver erreicht werden können. Bei diesen Prozessen bieten viele Unternehmensberatungen ihre Begleitung an. Zunächst wird eine **Analyse** der bestehenden Probleme und der neuen, daraus resultierenden Ziele durchgeführt, so dass geeignete Maßnahmen eingeleitet werden können.

Wenn also die Anforderungen an die IT-Experten, die im Kundendienst arbeiten, stetig steigen, sind zusätzliche Kompetenzen vonnöten, um die immer komplexeren Probleme der Kunden zu lösen. Hier kann eine Schulung der IT-Experten stattfinden oder es können weitere, spezialisierte Mitarbeiter mit Beratungskompetenz angefordert werden.

Auch die Aufhebung von alten, festgefahrenen Strukturen kann das Ziel einer Umgestaltung sein. Es gilt zum Beispiel, Verantwortung und Handlungskompetenzen auf mehrere Abteilungen zu delegieren. Oft fällt diese Entwicklung den Organisationen schwer, denn es bedeutet zu lernen und zu verändern. Auch Schulen haben sich in den letzten Jahren der sogenannten **Qualitätsanalyse** gestellt, bei welcher ein Ist-Stand (Stärken- und Schwächenanalyse) ermittelt und Desiderata für die zukünftige Entwicklung formuliert wurden.

INTERNET

Ausführliche Informationen und Hilfe bei Burnout gibt es auf vielen Seiten im Internet, z.B. auf *http://www.hilfe-bei-burnout.de/* oder *http://www.falkrichter.de/psychologie/burnout.htm.* Das Konzept der Qualitätsanalyse für Schulen in NRW finden Sie z.B. unter *http://www.bezreg-arnsberg.nrw.de/themen/q/qualitaetsanalyse_an_schulen/index.php.*

## Bin ich der Richtige für den Job?

Alwin erinnert sich: Als BWL-Student hatte er für ein Praktikum viele Bewerbungen geschrieben. Zunächst gab es nur Absagen, aber dann wurde er zum Einstellungstest eingeladen.

Wenn ein Unternehmen Mitarbeiter sucht, gibt es in der Regel ein bestimmtes **Profil**, welches ein Bewerber erfüllen soll. In den Bewerbungsunterlagen kann man einen ersten Eindruck gewinnen, aber genau wie Schulnoten, ein graphologisches Gutachten oder projektive Persönlichkeitstests (vergleiche Kapitel *Persönlichkeit*) sind diese von geringer Validität. Eine höhere Validität bezüglich der **Eignung** für einen konkreten Job haben Arbeitsproben (standardisierte, jobspezifische Übungen), ein strukturiertes Einstellungsgespräch, kognitive Fähigkeitstests (z.B. Intelligenztests) oder das Assessment Center.

Nach Sarges (1998) sind **Assessment Center** Verfahren, welche verschiedene Methoden anwenden. Mehrere Kandidaten (meistens acht bis zwölf) werden von geschulten Beobachtern in unterschiedlichen **Beurteilungssituationen** über einen längeren Zeitraum (ein bis drei Tage) hinsichtlich definierter Anforderungen (Teamkompetenz, Durchsetzungsfähigkeit) nach festgelegten Regeln beurteilt.

Das Verfahren des Assessment Center wurde zunächst für die Auswahl von Führungskräften entwickelt. So handelt es sich bei den unabhängigen Beurteilenden meist um Psychologen, Vorgesetzte und Mitarbeiter der Personalabteilung, das Zahlenverhältnis zu den Beurteilten beträgt 1:2. Man möchte durch das Erfassen von Verhaltensstichproben auf zukünftiges Verhalten schließen und über eine Eignung entscheiden. Aufgaben sind z.B. nicht strukturierte Gruppendiskussionen, Wirtschaftsspiele oder Postkorbaufgaben (Simulation einer jobspezifischen Aufgabe).

## Wie viel Führung ist gut?

Der Begriff Führungsstil ist weit verbreitet, jedoch schwierig zu fassen. Man kann grundlegend zwischen fünf Stilen differenzieren:

- **Der autoritäre Stil.** Alle Entscheidungen werden letztlich vom „Leitwolf" getroffen, es herrscht das Top-down-Prinzip. Der Führende hat die uneingeschränkte Macht und verpflichtet den Untergebenen zu Gehorsam, deren Fehlleistungen werden bestraft.

- **Der Laissez-faire-Stil.** Es gibt keine Grenzen oder Regeln, so entscheiden die Mitarbeiter selbstständig und kontrollieren sich selbst. Die Mitarbeiter sind sich selbst überlassen.
- **Der kooperative Stil.** Die Führungskraft und die Mitarbeiter arbeiten eng zusammen und entscheiden über die Aufgabenverteilung nach dem Konsensprinzip. Mitbestimmung und Delegieren von Verantwortung sind bedeutsame Faktoren der Mitarbeitermotivation.

- **Der situative Stil.** Die Mitarbeiter müssen eine gewisse „Reife" erlangen, um möglichst effizient für das Unternehmen zu sein, zunächst muss die Führungskraft die Aufgaben zeigen und kontrollieren, danach die Entscheidungen erklären, dann soll der Mitarbeiter eigene Ideen einbringen, um schließlich Verantwortung übernehmen zu können.

- **Der „Management by"-Stil.** Aus dem amerikanischen Management-System übernommene Techniken, die sich in drei Grundtechniken zusammenfassen lassen.

  - **Management by Objectives:** Grundlegende Ziele des Unternehmens werden auf der Führungsebene festgelegt (realistische und deutliche Zielvorgaben und regelmäßige Überprüfung auf deren Einhaltung). Die Subziele, wie also das Unternehmensziel erreicht werden soll, werden gemeinsam mit den Mitarbeitern erarbeitet.

  - **Management by Decision Rules:** Die Koordination des Unternehmens wird nach festen Regeln organisiert, so ist genau definiert, wer für welche Aufgabe verantwortlich ist und wie Entscheidungen delegiert werden können.

  - **Management by Exception:** Die Führungsebene soll entlastet werden, indem die Mitarbeiter die grundsätzlichen Entscheidungen treffen. Nur in Ausnahme- oder Notfällen greifen die Manager ein.

Welchen Führungsstil ein Unternehmen oder eine Organisation wählt, hängt von vielen Faktoren ab. Wie viele Mitarbeiter gibt es, welche Arbeit wird geleistet, welches Selbstverständnis hat der Chef, hat das Unternehmen? Ein kleiner, alteingesessener Familienbetrieb hat ein anderes Selbstverständnis und andere Ziele als ein international tätiges Unternehmen.

Weiterführende Links und Beispiele von unterschiedlichen Führungsstilen aus der Praxis finden Sie im Internet.

## Wie bleiben die Mitarbeiter am Ball?

Professor Ustad fühlte sich oft wie ein Manager in einem Unternehmen – er gab inhaltliche Studienziele anhand der formalen Vorgaben vor und besprach mit den studentischen Hilfskräften, wer was wie zu tun habe. Auch mit den Studierenden sprach er Ziele ab – ihre Ziele, was sie sich jeweils vornahmen. Das variierte stark – manche von ihnen waren hoch motiviert, manche ließen bereits nach der ersten Themenbekanntgabe den Kopf hängen. Wie kann man seine Mitarbeiter langfristig, effizient und zielgerichtet motivieren, ohne sie zu frustrieren?

Es besteht ein enger Zusammenhang zwischen Fähigkeit, Situation und Motivation bezüglich ihrer Auswirkung auf die Arbeitsleistung. Man unterscheidet zunächst zwischen **Fähigkeiten** (ability) und **Fertigkeiten** (skills) für die Bereiche Wahrnehmung, Sensomotorik und kognitive Fähigkeiten. Wenn jemand motorisch nicht die Fertigkeit hat, schnell auf optische Signale zu reagieren, ist ein Arbeitsplatz am Computer (z.B. bei einer Sicherheitsfirma) nicht optimal gewählt. Die **Situation** am Arbeitsplatz und wie der Mitarbeiter sie empfindet, ist bedeutsam: Gibt es genügend Pausen, sind die Arbeitsbedingungen angemessen und fühle ich mich in der Arbeitsumgebung wohl?

**Motivation** ist in vielen Bereichen der Psychologie ein Schlüsselbegriff und kann erklären, wie sich jemand wie lange wie intensiv verhält. Die Stärke der Motivation hängt von der **Valenz** (externer Faktor) und der **Erwartung** (interner, kognitiver Faktor) ab. Die Unterscheidung zwischen **intrinsischer** und **extrinsischer Motivation** ist ferner bedeutsam, da intrinsisch Motivierte sich aus Selbstzweck verhalten und sich auch dafür automatisch belohnen. Extrinsisch motivierte Personen sehen ihr Verhalten als Mittel zum Zweck, für das sie von anderen belohnt oder bestraft werden. Die Funktionsweise von Motivation wird in diesem Modell prozesshaft beschrieben.

**Prozessmodelle** betonen grundsätzlich die Bedeutung kognitiver Prozesse, die auf der individuellen Lerngeschichte der Personen beruhen. Somit sind intraindividuelle Variablen wie der wahrgenommene Schwierigkeitsgrad der Aufgabe für die Motivation ausschlaggebend. Auch **Erfolgsorientierung** oder **Misserfolgsängstlichkeit** gehören zu diesen Variablen (siehe auch Kapitel Lernen).

Mara und Alwin kannten dieses Phänomen auch an der Uni, bezüglich des Motivs „Leistung" gab es extrinsische Motivation (die Aussicht, eine gute Note zu erhalten) und intrinsische (ich möchte ein Ziel erreichen). Wer ängstlich war, sollte sich sein Ziel nicht so hoch stecken, und wer erfolgsorientiert war, sollte auch lernen, sich realistisch einzuschätzen. Sie wussten genau: Nicht jeder war exzellent (auch wenn er es von sich behauptete)! Welche weiteren Modelle zur Motivation gab es noch?

Eine andere Betrachtungsweise von Motivation, die sich nicht nur auf ein Motiv (wie Macht oder Leistung) bezieht, ist die Orientierung an inhaltlichen Parametern. So erstellte **Maslow** (1908–1970) ein **Inhaltsmodell** in Form einer Pyramide, in welcher er die Bedürfnisse des Menschen in fünf **Stufen** hierarchisierte.

Nach der **Defizithypothese** streben zunächst die Grundbedürfnisse nach Befriedigung. Erst wenn diese keine Motivationskraft mehr haben, kann die nächsthöhere Stufe angestrebt werden. Somit tritt das **Progressionsprinzip** in Kraft, nach welchem dann Energie für das nächsthöhere Bedürfnis aufgewendet wird. Die **Bedürfnispyramide**, welche von anderen Forschern durchaus aufgrund des positiven Menschenbilds (der Mensch ist von Natur aus gut, negative Motive wie Aggression werden von Maslow nicht betrachtet) kritisiert wird, wird durch die folgenden fünf Stufen charakterisiert:

- Stufe V (**Grundbedürfnisse**) umfasst das Verlangen nach Essen, Trinken, Kleidung und dem Schutz durch ein Dach über dem Kopf. Diese elementaren Bedürfnisse gründen sich in der Natur des Menschen. Wenn diese erfüllt sind, wird die nächste Stufe als Motivation zu handeln erreicht.

- Stufe IV (**Sicherheitsbedürfnis**) ist das Verlangen nach Schutz vor nicht vorhersehbaren Ereignissen wie Unfall, Krankheit usw., welche die Befriedigung der Grundbedürfnisse gefährden können. Ist diese Stufe erreicht, werden höherrangige Motive angestrebt.

- Stufe III (**soziale Bedürfnisse**) entspricht dem Streben nach der Zugehörigkeit zu einer Gemeinschaft und sozialen Beziehungen. Hat ein Mensch auch diese Bedürfnisse realisiert, kann er sich weiter reichenden Bedürfnissen zuwenden.

- Stufe II (**Wertschätzungsbedürfnis**) spiegeln den Wunsch nach Anerkennung und Achtung wider. Dies sind sowohl Anerkennung von anderen Personen als auch Selbstachtung und Selbstvertrauen. Es ist das Bestreben, gebraucht zu werden und nützlich zu sein. Im letzten Schritt strebt der Mensch die höchste Klasse an.

- Stufe I (**Selbstverwirklichungsbedürfnis**) ist die Spitze der Pyramide. Damit ist das Streben nach Unabhängigkeit und nach Entfaltung der eigenen Persönlichkeit in sozialer Verantwortung gemeint, welches erst dann eingeleitet werden kann, wenn alle anderen Motive zu handeln erfüllt worden sind.

In der Wirtschaft wird auch auf dieses Stufenmodell zurückgegriffen. In der Regel sind die Grundbedürfnisse der Mitarbeiter erfüllt. Doch schon auf der zweiten Stufe kann der Arbeitgeber zur Bedürfniserfüllung beitragen. Eine Absicherung im Krankheitsfall oder Kündigungsschutz sind gesetzlich geregelte Maßnahmen, die den Arbeitsnehmer unterstützen. Die dritte Stufe kann ebenfalls am Arbeitsplatz von Bedeutung sein; beim Betriebssport oder ähnlichen Angeboten kann sich das Bedürfnis nach sozialen Kontakten erfüllen. Die vierte Stufe kann in Form von Lob, Respekt und Wertschätzung seitens der Führungsebene oder durch Kollegen erfüllt werden, hier können auch Motive wie Macht oder Prestige eine Verhaltensursache sein. Schließlich kann die fünfte Stufe erreicht werden, indem Individualität und Gerechtigkeit im Beruf gelebt werden; wenn die Persönlichkeit nach höheren Werten strebt und diese in sozialer Verantwortung leben kann, wird ihr meist Wohltätigkeit und soziale Anerkennung zuteil. Er hätte somit die Spitze der Pyramide erreicht.

Mara lieferte Professor Ustad ihr Skript zum Thema „Wie wir gern arbeiten und dabei gesund bleiben können" ab. Er war begeistert – gerade das Thema Motive war an der Uni praxisrelevant. Er wusste, wer gerade von seinem Partner verlassen wurde, kann kein starkes Gefühl der Wertschätzung haben, geschweige denn die Motivation, sich selbst zu verwirklichen. Auch hier vernetzten sich die Bereiche der universitären Psychologie mit den Themen der Arbeitswelt.

In der Marktforschung werden viele theoretische Ansätze der Psychologie wie Kommunikation oder Motivation mit den Anforderungen der Wirtschaft aus arbeits- und organisationspsychologischer Sicht verbunden, besonders im Bereich Werbung. Projekte und Ansätze zur Marktforschung werden Ihnen im Internet vorgestellt. Auch ein ausführlicheres Beispiel zum Modell nach Maslow aus der betrieblichen Praxis und wertvolle Literaturhinweise finden Sie im Internet.

Zu den Führungsstilen finden Sie weitere Erklärungen im Kapitel *Praktische Psychologie*

Arbeits- und **Organisationspsychologie** ist ein Anwendungsgebiet der Psychologie. Sie arbeitet empirisch an der Analyse, Erklärung und Steuerung des individuellen und des kollektiven **Erlebens und Verhaltens** in Organisationen.

Sie wird als **Anwendungsfach** in der Arbeitswelt und organisationalen Praxis immer bedeutsamer, da sich die Bedingungen am Arbeitsplatz rasch wandeln. Humane und ökonomische Kriterien werden betrachtet, um den **Arbeitsplatz optimal** zu **gestalten**.

Wenn Arbeit krank macht, ist der **Arbeitgeber** in der **Pflicht**, Hilfsangebote zu machen und den Arbeitnehmer zu unterstützen.

Wichtige Forschungsbereiche sind die **Personalauswahl**, die **Leistungsbeurteilung** sowie die **Personalentwicklung**. Motivation, Teamwork und Kommunikation sind psychologische Faktoren in der **Organisationsführung**.

**Assessment Center** sind häufig angewendete Verfahren, um potenzielle Mitarbeiter strukturiert auszuwählen und auf ihre Eignung für ein Berufsfeld oder eine höhere Position zu testen.

Motivation der Mitarbeiter und die Wahl eines geeigneten **Führungsstils** sind wichtige Konzepte, um die **Arbeitszufriedenheit** zu stärken, die Ziele der Organisation effizient zu erreichen und die Gesundheit von Mensch und Unternehmen zu erhalten.

# 8

# Wie wir unser Wissen anwenden können

# Praktische Psychologie

## Wie wir unser Wissen anwenden können

In den sieben Kapiteln haben Sie viele Theorien zu psychischen Phänomenen kennengelernt. Theorien aber sollen sich in der Praxis bestätigt finden oder man muss sie im forschenden Diskurs erneut überprüfen. Deshalb enthält das nun folgende Kapitel Aufgaben und Denkanstöße, das theoretische Wissen praktisch zu erproben. Wir folgen dabei den Kapiteln (siehe Überschriften).

Es werden praktische Ergänzungen und Angaben zu Aufgaben geboten, die anwendungsbezogen Themen wie Lernen oder Tests wieder aufgreifen und für den Leser selbst erfahrbar machen.

Ausführliche Lösungen für die Aufgaben und weiterführende Anwendungen finden Sie jeweils im Internet. Ein Internethinweis nach der Aufgabenstellung gibt bei einigen Aufgaben an, welches spezielle zusätzliche Material außer der Lösung im Internet zu finden ist.

## Psychologie der Wahrnehmung

### Aufgabe 2.1: **Geometrisch-optische Täuschungen**

Versuchen Sie, ein praktisches visuelles Beispiel einer geometrisch-optischen Täuschung selbst zu zeichnen. Tauschen Sie diese dann mit dem Partner aus. Fällt Ihnen keine ein, untersuchen Sie mit Ihrem Partner die Kontrast-Täuschung von **Edward Titchener** (1867–1927):

Weitere Sinnestäuschungen, zum Beispiel zum sogenannten „Ames-Raum", finden Sie im Internet unter *www.die-wege.de*.

### Aufgabe 2.2: **Gestaltgesetze**

Überprüfen Sie das Gestaltgesetz der Tendenz zur Vervollständigung einer unvollständigen „Figur" an dieser Illustration:

- Klar, Kinder, die sich nach hinten hinter die Mauer gebeugt haben?
- Unvollständige Kinderkörper – kaum vorstellbar?
- Teile von Schaufensterpuppen – eher vorstellbar?
- Suchen Sie weitere Beispiele.

### Aufgabe2.3: **Gesetz der fortlaufenden Bewegung**

Wie entstehen die rückwärtslaufenden Räder eines Autos im Film bei einem bestimmten Kamerawinkel? Warum sehen wir beim Einfahren in eine Baustelle auf der Autobahn die „fortlaufenden" Lichterketten?

## Wahrnehmungsanalyse und unterschwellige Wahrnehmung

Wir wissen ja schon, dass es nicht nur eine physikalische, sondern auch eine psychische Wirklichkeit gibt. Mit unseren Wahrnehmungsfähigkeiten sind wir in der Lage, verschiedene Qualitätsstufen zu unterscheiden. Es geht – psychologisch gesehen – dabei um den Unterschied des anschaulichen Seins (zum Beispiel ein Tisch, an dem wir sitzen) und des anschaulichen Scheins (Vorstellung eines neuen Tischdesigns). Dazu finden Sie im Internet eine systematische Schulung, welche unterschiedlichen Qualitätsstufen gelten.

### Aufgabe 2.4: **Wahrnehmungspsychologie in der Werbung**

Suchen Sie im Internet Beispiele für die unterschwellige Wahrnehmung bei Werbespots, zum Beispiel das Coca-Cola-Experiment: Ein Film läuft mit einer Geschwindigkeit von 25 Bildern pro Sekunde. Was passiert, wenn bei jedem 25. Bild des Films ein Bild den Werbespot „Drink a Coke!" enthält?

### Aufgabe 2.5: **Gestaltgesetze in Werbeanzeigen**

Suchen Sie Beispiele für die Visualisierung der Gestaltgesetze in Werbeanzeigen. Analysieren Sie, wie die Gesetze (Nähe, Ähnlichkeit, Geschlossenheit, gute Fortsetzung) und die Grundprinzipien (Emergenz und Prägnanz) ineinandergreifen.

Ein Beispiel hierzu ist das folgende Bild. Welche Figur ist implizit vorhanden und was soll beworben werden?

### Aufgabe2.6: **Wahrnehmungsschwellen**

Stellen Sie die durchschnittlichen Wahrnehmungsschwellen für Sehen, Hören, Fühlen, Schmecken, Riechen aus literarischen Quellen oder Internetquellen zusammen. Gibt es Veränderungen über längere Zeiträume? Wie werden sie begründet?

Untersuchungen zu dieser Thematik finden Sie im Internet.

## Psychologie des Lernens

### Lösung des Einstiegcartoons

Psychologisch gesehen überwinden wir mit der Lösung unsere Fixierung auf den Rahmen, den die neun Punkte bilden. So kommt es zur Aufhebung der Denkblockade durch die neue Sicht auf das Gegebene (Horizonterweiterung).

Es folgen Aufgaben, bei denen wir auch über den bekannten Horizont gehen müssen.

### Aufgabe 3.1: **Das Bergsteigerproblem**

Ein Bergsteiger beginnt morgens genau bei Sonnenaufgang, einen Berg zu besteigen, auf den in zahlreichen Windungen nur ein Weg hinaufführt. Er erreicht den Gipfel kurz vor Sonnenuntergang, schlägt dort sein Zelt auf und genießt den herrlichen Ausblick. Am nächsten Morgen geht er genau bei Sonnenaufgang den Berg wieder hinab. Mal geht er schneller, mal langsamer, macht hier und da eine kurze Rast. Die Durchschnittsgeschwindigkeit bergab ist natürlich schneller als die bergauf. Beweisen Sie, dass es auf dem Weg eine Stelle gibt, die der Bergsteiger beim Aufstieg wie beim Abstieg zur exakt gleichen Tageszeit erreicht (nach Zimbardo 2008 [16], Seite 305).

Die Lösung finden Sie in dem folgenden Bild:

Aufgabe3.2: **Anagramme lösen durch analytische Intelligenz**

Sie sehen nachfolgend acht Buchstabenfolgen, die aus Konsonanten und Vokalen gebildet werden. Man nennt sie Anagramme. Versuchen Sie, so schnell wie möglich durch Vertauschen der Buchstaben die Lösungen zu finden.

Aufgabe 3.3: **Überwindung funktionaler Fixierung nach Duncker (1945)**

In einem abgeschlossenen Raum hängen an einer Wand in einem bestimmten Abstand zwei Fäden von der Decke herab. Auf einem Schemel liegt eine Schere. Die Versuchsperson kann den Raum öffnen, wenn es ihr gelingt, beide Fäden miteinander zu verknüpfen.

Wenn die Versuchsperson einen Faden greift, um ihn mit dem anderen zu verbinden, stellt sich heraus, dass er den anderen schlaff herabhängenden Faden nicht greifen kann. Auch, wenn er sich auf den Schemel stellt, klappt das nicht. Auch das Abschneiden eines Fadens, um ihn an den anderen zu binden, funktioniert nicht. Trotzdem ist die Aufgabe lösbar. Denken Sie bei der Lösung an die Horizonterweiterung. Wofür brauchen Sie die Schere?

Aufgabe 3.4: **„Magisches Quadrat"**

Beweisen Sie, dass man das Geheimnis des magischen Quadrats mit gestaltpsychologischer Vorgehensweise lösen kann!

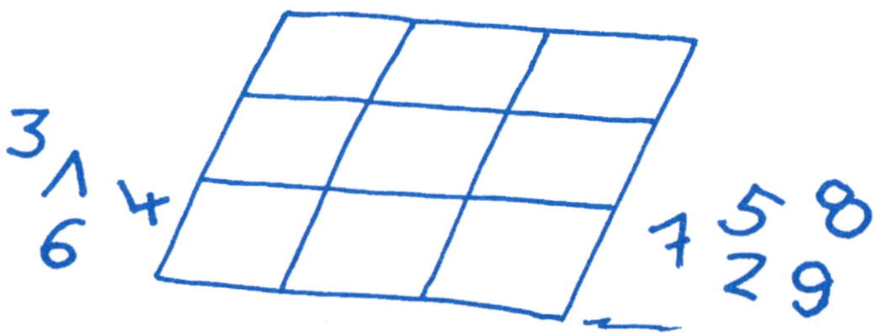

Die Zahlen von 1 bis 9 sind in neun Felder eines Quadrats so einzufügen, dass bei allen Quer- und Diagonalsummen 15 herauskommt.

Die nachfolgenden Fragen sollen helfen, diese Aufgabe systematisch zu lösen:

Wie sieht die Reizkonfiguration dieser Aufgabe aus? Welche Summen sind möglich? Welche Ziffern dürfen nicht in einer Summe stehen? Gibt es eine Zahl, um die sich alles dreht? Welche Zahl gehört also in die Mitte? Welche beiden Diagonalsummen kommen in Frage?

Begründen Sie, warum andere Lösungsstrategien erfolgreicher sind als das Vorgehen nach Versuch und Irrtum.

Aufgabe 3.5: **Lernen durch Versuch und Irrtum**

Bitte lösen Sie diese Aufgabe für Alwin: Mara fragt Alwin, ob er 8 Liter Wasser so umschütten kann, dass jeder 4 Liter bekommt. Drei Eimer, einer mit 8 Litern gefüllt, je einer mit dem Volumen 5 und 3 Liter, stehen im Raum. Mara zu Alwin: „Du kannst es mit 6 Versuchen schaffen." Alwin zu Mara, zeigt auf die Eimer: „Die haben ja keine Messlatte!"

### Watsons Experiment mit dem kleinen Albert

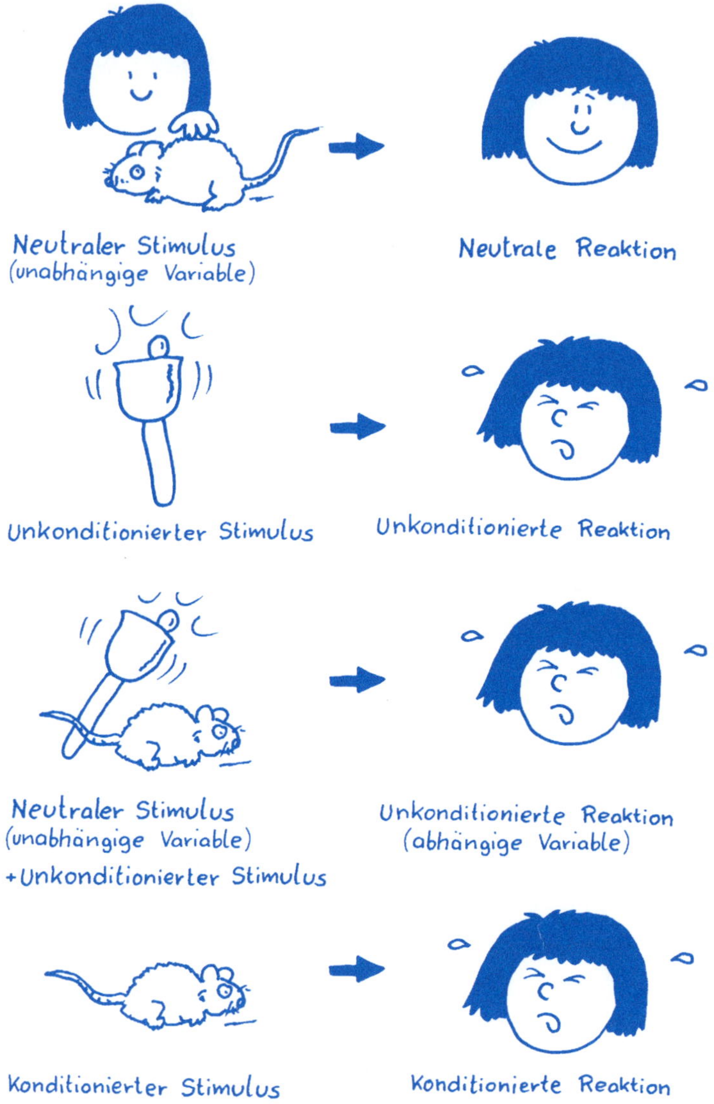


Watson wollte untersuchen, ob emotionale Reaktionen konditioniert werden können (**Fragestellung**). Er ging davon aus, dass Kinder nur ein eingeschränktes emotionales Repertoire besitzen – Angst, Wut und Liebe, welche von bestimmten Stimuli ausgelöst werden. Er stellte die

**Hypothese** auf, dass diese Stimuli auf der Grundlage konditionierter Reflexe erweitert (**generalisiert**) werden können. So schaffte er in der experimentellen Bedingung eine **unabhängige** (vom Versuchsleiter veränderbare) **Variable**, indem er einen **neutralen Stimulus** aussuchte (zunächst eine Ratte), den er mit einer **unkonditionierten Reaktion** koppelte (Angst bei lautem Geräusch).

Durch die Verknüpfung der beiden Stimuli weinte der Junge bereits nach nur wenigen Durchgängen beim Anblick der Ratte. Aus dem neutralen Stimulus wurde somit ein **konditionierter Stimulus** und das Weinen wurde eine **konditionierte Reaktion**, die er vorher nicht gezeigt hatte. Watson **generalisierte** den konditionierten Stimulus, indem er dem kleinen Albert Reize (eine Pelzmütze, Watsons Bart) zeigte, die einer Ratte ähnlich sind. Auch bei deren Anblick begann der Junge sofort zu weinen.

In diesem Experiment beobachtete Watson also die **abhängige Variable** (das Verhalten des Jungen) und schloss aus den **Ergebnissen**, dass er seine Hypothese beibehalten konnte. Es gab jedoch nur einen **Probanden** (Versuchsperson), das Experiment wurde nicht wiederholt, es gab keine **Kontrollgruppe** (ohne Einfluss der unabhängigen Variablen) und **Störvariablen** (z.B. Angst, weil die Mutter fehlte, oder Stress in der Situation, in der er schon mehrfach weinen musste) wurden nicht systematisch ausgeschlossen.

### Aufgabe 3.6: **Erstellen eines experimentellen Designs**

Erstellen Sie ein experimentelles Design unter Verwendung der Fachbegriffe für die Fragestellung, ob Alkohol einen Einfluss auf die Lernleistung hat. Formulieren Sie eine Hypothese, bestimmen Sie unabhängige und abhängige Variablen, beziehen Sie eine Kontrollgruppe mit ein und minimieren Sie Störvariablen. Schließen Sie von den Ergebnissen auf Ihre Hypothese zurück.

Eine exemplarische Lösung (Fragestellung, Hypothesenbildung, Untersuchungsgruppen und Kontrollgruppen, unabhängig und abhängig messbare Variablen, Störvariablen ...) finden Sie im Internet.

## Lernpläne nach Gagné

Sie haben bereits erfahren, dass Lernen lernbar ist. Das kann man systematisch üben, wenn man für eine mündliche Prüfung, eine schriftliche Klausur oder ein Referat lernen muss. Hier finden Sie einen Rahmenplan für Ihre individuellen Lernpläne. Der Rahmenplan ist in einen Zeitplan eingebettet, der auf den Tag „X" hinarbeitet. Im Internet finden Sie dazu zwei konkrete Beispiele zu den Themen „Lerntheorien" und „Tiefenpsychologische Theorien".

### Vergessenskurve beachten

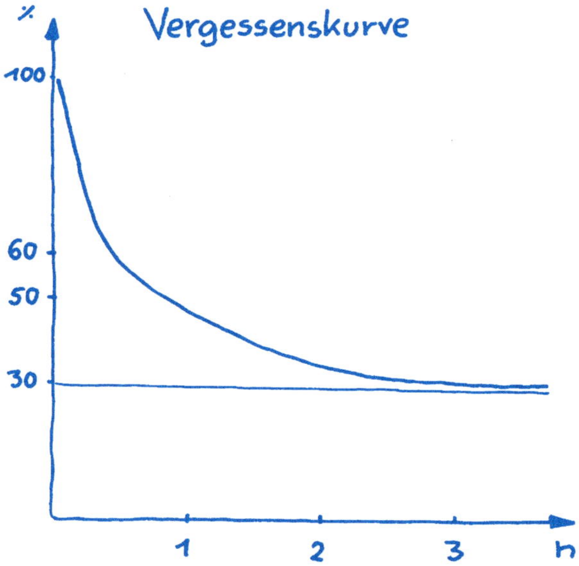


Achten Sie auf das „Grundgesetz des Vergessens": 40% des gelernten Stoffs vergisst man bereits nach 20 Minuten, 50% nach einer Stunde und rund 70% nach einem Tag! Es ist also besser, jeden Tag eine Wiederholungseinheit (z.B. bei einem Spaziergang oder mit einem lieben Menschen) durchzuführen, als tagelang nichts zu unternehmen. Darauf müssen die Lernpläne abgestimmt werden.

**Konkrete Lerntipps:**

- Jede Aufgabe lässt sich in eine Serie von **Teilaufgaben** zerlegen. Bestimmen Sie die Teilaufgaben.

- Den Teilaufgaben werden **Operationen** zugeordnet, mit denen man sie lösen kann (Karteikarten ausfüllen mit Sachwissen bzw. Zitaten; vorhandene Karteikarten zuordnen; Bildmaterial hinzufügen und Zeichnungen selbst anfertigen; gezielte Internetrecherche zum jeweiligen Sachverhalt, dabei nur das Prägnante auswählen).

- Die **Aufgabenkomponenten** sind vermittelnde Glieder zur Gesamtleistung. Was kann ich mit welchem Aspekt, mit welchem Begriff, mit welcher Definition verknüpfen? Wo lassen sich Gegensätze darstellen (Diskrimination = Unterscheidung. Lesen Sie dazu noch einmal im Kapitel Lernen)? Wo lassen sich Argumentationsketten herstellen?

- Die Beherrschung der einzelnen Glieder (**Elemente**) und deren wiederholende Verknüpfung stellen die positive Übertragung auf die Gesamtaufgabe sicher. Ein Ausfall einzelner dieser Glieder (Grundgesetz des Vergessens) reduziert die Lösungswahrscheinlichkeit der Gesamtaufgabe gegen null.

- Für jede zu lösende Aufgabe entwickelt man einen **Lernplan** (vgl. Gagné 1962[14] Seite 83-91):

  - **Die jeweiligen Teilaufgaben in ihrer Endleistung bestimmen**

    Beispiele:

    Die Definition Lernen muss ich auswendig jederzeit abrufen können (*siehe Kapitel Lernen*).

    Das „Eisberg-Modell" (*siehe Kapitel Persönlichkeit*) muss ich erklären können.

  - **Sicherstellen, dass jede Teilaufgabe beherrscht wird**

    Zeitplan für regelmäßige Wiederholungen in nicht zu großen Zeitabständen

  - **Alle Lernschritte (Stationen) in ihrer gesamten Abfolge organisieren**

    Optimale Verknüpfungs- und Vermittlungseffekte von einer Teilaufgabe zur nächsten ermöglichen durch hierarchisch-systematischen Aufbau: vom einzelnen Element zur Gruppe der Elemente (Kategorien), von der Gruppe der Elemente zur ganzen Einheit, z.B. einer Definition.

  - **Masterplan Handout erstellen (7 Tage vor dem Tag X)**

### Zeitplan und Operationen

Welches Problem ist zu lösen? Eine Prüfung findet am Tag „X" statt, an dem ich meinen Prüfungsplan (Handout mit komprimiertem Mindmap zum Thema) kognitiv abrufen muss. Dazu beginne ich mit den Vorbereitungen rechtzeitig nach folgendem Zeitplan:

#### 28 Tage vor Tag X: **Materialsammlung zusammenstellen**

Text- und Bildmaterialien an einem Board (Flipchart) oder in einer Mappe montieren und daraus eigene Exzerpte schreiben. Die Exzerpte werden in ein Mindmap eingefügt. Welche ehemaligen Lernstoffe zu diesem Thema habe ich vergessen?

21 Tage vor Tag X: **Definitionen zusammenstellen**
Bestandteile der Definitionen (Elemente) identifizieren und ihre möglichen Verknüpfungen oder Gegensätze herausstellen

20-7 Tage vor Tag X: **Handout mit Mindmap fertigstellen**
Überprüfen seiner Richtigkeit mit Freund/Freundin. Stellen identifizieren, wo es immer wieder hakt! Deswegen an diesen Stellen kleinere Wiederholungseinheiten (Portionen) in den Zeiten einplanen, in denen man wach, aktiv und besonders aufnahmefähig ist

6 Tage vor Tag X: **Angenehme Abwechslung einplanen (Kinobesuch; Ausflug; was auch immer nicht mit dem Thema zu tun hat)**

2-5 Tage vor Tag X: **Lernblockaden und Vergessenes überwinden**
Wiederholendes Lesen der Sachtexte. Gedächtnisstützen einbauen durch Assoziationen (Symbole, Strukturschemata etc.)

2 Tage vor Tag X: **Vorwegnahme möglicher Fragestellungen des Prüfers**

- Lässt mir der Prüfer freie Hand?
- Beginnt er mit einer spezifischen Sachfrage (Definition; Was versteht man unter…? Oder Ähnlichem?)
- Nimmt er Bezug auf meinen vorgelegten Prüfungsplan und hält sich an den vorgeschlagenen Weg?
- Wie reagiere ich, wenn ich nicht weiterweiß?
- Kann ich einen Schritt zurückgehen, wenn ich weiteres Wissen vergessen habe?

Letzter Tag vor Tag X: **Schritt für Schritt gegen das Vergessen**

Mindmap des Sachgebiets in netter Atmosphäre mehrmals wiederholen, dabei auf zeitliche Abstände mit Pausen achten (Einprägen aller Elemente und ihrer Verknüpfungen auf der kognitiven Landkarte)

Im Internet finden Sie zwei konkrete Beispiele, wie man einen Lernplan entwickeln kann.

## Psychologie der Entwicklung

### Aufgabe 4.1: **Beobachten lernen**

Wir verlegen den Unterricht an außerschulische Lernorte. Sie beobachten in Zweier- oder Dreiergruppen.

Beobachten

- Kinder beim Spielen auf dem Spielplatz
- Fünftklässler in den Pausen auf dem Schulhof
- Verhalten von Fußgängern auf der Einkaufsstraße

- Gruppendynamische Prozesse im Fußballstadion
- Verhalten der Verkehrsteilnehmer an einer großen Kreuzung
- Wenn im Bekanntenkreis möglich, kann man Kinder in zwei verschiedenen Stufen mit einem Piaget-Experiment (Mengenkonstanz, Volumenkonstanz oder Drei-Berge-Versuch) mit der Videokamera aufnehmen

Berichten Sie über Ihre Beobachtungen und präsentieren Sie Ihre Ergebnisse im Kurs.

### Filmanalyse

Wie man diesen Film aus psychologischer Sicht analysieren kann (z.B. welche Entwicklungsstufen die verschiedenen Protagonisten repräsentieren, welche zeithistorische Psychologie Einzelne vertreten, welche wissenschaftlichen und heuristischen Sichtweisen zur Geltung kommen und viele andere Fragen ...) und welche Filme sich besonders für eine psychologisch begründete **Filmanalyse** eignen, erfahren Sie im Internet mit Quellenhinweisen zu weiteren Filmen.

INTERNET

### Aufgabe 4.2: **Entwicklungsmodelle vergleichen**

Vergleichen Sie in Kleingruppen die beiden Entwicklungsmodelle von Piaget und Kohlberg, arbeiten Sie die Unterschiede bezüglich ihrer Methoden und Fragestellungen heraus und prüfen Sie diese hinsichtlich ihrer Plausibilität. Recherchieren Sie im Internet nach den Modellen von Erikson (Entwicklung der Identität) und Havighurst (Lebenslange Entwicklungsaufgaben) und entwerfen Sie auf der Basis dieser vier großen Theorien eine synoptische Tabelle, die Sie in dem folgenden Beispiel noch um Vergleichsmerkmale erweitern können:

| | Piaget | Kohlberg | Erikson | Havighurst |
|---|---|---|---|---|
| Fragestellung | | | | |
| Methode | | | | |
| Kritik | | | | |

### Aufgabe 4.3: **Projekt „Stationenlernen mit Piaget"**

Die Projektwoche wird vorbereitet. Planen Sie im Kurs und in Kleingruppen acht bis zehn Stationen zum Thema „Entwicklung nach Piaget – das geht alle an!" und berücksichtigen Sie die Adressaten der Projektwoche: alle Schüler der Schule oder des Kollegs, Lehrerinnen und Lehrer, Eltern oder Erziehungsberechtigte, Öffentlichkeit allgemein. Bei der Unternehmung ist es wichtig, an den Lernstationen den allgemeinbildenden Wert der Entwicklungspsychologie von Piaget herauszustellen.

Im Internet finden Sie ein Beispiel eines „Marché de Piaget", an dem Sie sich orientieren können, und natürlich auch die Informationen zu den anderen großen entwicklungspsychologischen Modellen.

## Sozialpsychologie

### Gruppenstrukturen und Gruppenprozesse

Wie wichtig Teamwork und Gruppenprozesse sind, zeigt das **Brocher-Experiment**, welches auch im Unterricht eingesetzt werden kann. Je fünf Personen sitzen um einen Tisch, auf dem mittig verschiedene Puzzleteile aus Pappe liegen. Jeder soll ein Quadrat legen und die Aufgabe ist bewältigt, wenn alle fünf Gruppenmitglieder ein Quadrat vorliegen haben. Es dürfen weder verbale noch nonverbale Zeichen gegeben werden, keiner darf dem anderen in die Figur greifen und es darf nur ein Teil von der Mitte des Tisches genommen werden.

Der **Gruppendruck** kann gesteigert werden, wenn es eine zeitliche Vorgabe gibt. Es bietet sich je nach Gesamtgruppengröße an, zwei bis drei Experimentalgruppen zu bilden, die anderen fungieren als Beobachter, die das Verhalten während des Experiments protokollieren. Bei der Auswertung berichten zunächst die Teilnehmer, wie sie sich gefühlt haben, dann werden die Beobachtungen der Strategien und Verhaltensweisen ausgewertet und das Konzept der Gruppendynamik wird diskutiert.

Es werden unterschiedliche Kommunikationsstrategien und **Hierarchien** beobachtet, die gruppendynamisch erklärt werden können. Handelt es sich z.B. um dominante Strategen, die immer sofort zugreifen, ohne erst nachzudenken, oder eher um zurückhaltende Personen, die erst im Kopf ein Quadrat legen und nachdenken. Dieses Verhalten ist auch eine Art der Kommunikation, auch wenn nicht verbalisiert wird.

Die Anleitung zum Erstellen der fünf unterschiedlichen Quadrate finden Sie im Internet.

Viele **kooperative Lernmethoden**, die besonders durch **Norm** und **Kathy Green** in die Praxis umgesetzt wurden, nutzen die Prozesse der Gruppendynamik, um die Arbeit im Team zu optimieren. Doch auch das Selbstwertgefühl und die persönliche Entwicklung des Einzelnen werden gestärkt, wenn der Zusammenhalt des Teams gefordert ist.

Wenn der Erfolg des Teams von der Kooperation und Kohärenz abhängen, sind die positiven Effekte besonders hoch. Dies zeigen Studien zur kooperativen **Jigsaw-Methode** besonders deutlich (vgl. Aronson, 1979 [1]). Hier liegt das Prinzip zu Grunde, dass jedes Teammitglied einen Teil der Gesamtaufgabe zu bewältigen hat, jeder ist **gleichberechtigt** und wird wertgeschätzt, sein Ergebnis hat den gleichen Stellenwert wie das der anderen. Erst wenn alle einzelnen Puzzleteile zusammengetragen sind, kann die Gesamtaufgabe bewältigt werden. So können bei einer Textarbeit einzelne Sinnabschnitte zunächst in Einzelarbeit erschlossen werden, so dass eine Transferaufgabe nach der Präsentation der Einzelergebnisse gemeinsam geleistet werden kann.

### Kommunikation in zwischenmenschlichen Beziehungen

Auch wenn die vier Seiten einer Nachricht berücksichtigt werden, so kommt es doch häufig durch Aktion und Reaktion zu einer **Beziehungsdynamik** bei der Kommunikation. Diese hat nicht nur positive Effekte, es kommt zu Missverständnissen und eine Beziehung wird schnell als schwierig empfunden.

Hier kann das **Teufelskreismodell** Aufschluss über die negative Dynamik geben. In diesem Modell werden vier Stationen unterschieden, welche die jeweiligen „**Innerungen**" (emotionale innere Reaktionen) und „**Äußerungen**" (sichtbare Verhaltensweisen) der Kommunikationspartner darstellen. In einem Kreis gibt es keinen Anfang, so dass die beiden Kommunizierenden sich nur als Reagierende sehen („Der andere hat aber gesagt, ..."), sie sehen sich selbst nicht als Initiator eines Missverständnisses.

So ist es ein nicht zu durchbrechender Kreislauf, den man den Kommunizierenden immer erst bewusst machen muss. Wenn zwei Studenten beispielsweise zusammen ein Referat halten sollen und der eine selbstsicher sagt „ich mach das schon", fühlt sich der andere nicht ernst genommen und übergangen. Er äußert unsicher „ich kann das nicht", so dass der erste innerlich denkt „der ist faul und dumm, ich mache es lieber alleine".

### Aufgabe 5.1: **Das Teufelskreismodell**

Wenden Sie das Teufelskreismodell an, indem Sie in Einzel- oder Partnerarbeit verschiedene Situationen (z.B. in Beziehungen, in der Schule, zwischen Freunden) kreieren, die in das Teufelskreismodell eingetragen werden.

Erläutern Sie die Beziehungsdynamik mit Hilfe des Modells und diskutieren Sie in der Gruppe oder im Plenum die Frage nach einem Lösungsansatz des Problems.

An welcher Stelle kann der Teufelskreis in der jeweiligen Situation durchbrochen werden? Eine Erkenntnis könnte sein, dass man miteinander reden muss, um sich der scheinbar unüberwindbaren Hürde zu stellen!

## Double Bind

Friedemann Schulz von Thun hat im Rahmen seiner Seminare immer wieder auf das Problem des **Double Bind** hingewiesen. Er formuliert, dass die Mitteilungen **explizit** (ausdrücklich formuliert) oder **implizit** (indirekt hineingelegt) werden können. Bei nonverbaler Kommunikation sind besonders die impliziten Botschaften wichtig, sie werden sofort entschlüsselt und gedeutet. Wenn die beiden Ebenen übereinstimmen, ist die Botschaft kongruent und es kommt zu keinem Missverständnis.

Beim Double Bind jedoch stimmen sie nicht überein. So kann man der Antwort „Gut!“ auf die Frage „Wie geht es dir?“ nicht glauben, wenn der Gesichtsausdruck betrübt und die Stimme belegt ist. Der Empfänger der Nachricht kann die Botschaft nicht eindeutig interpretieren, sie ist **paradox**. Welche Botschaft ist nun die richtige? Man befindet sich in einem Zwiespalt.

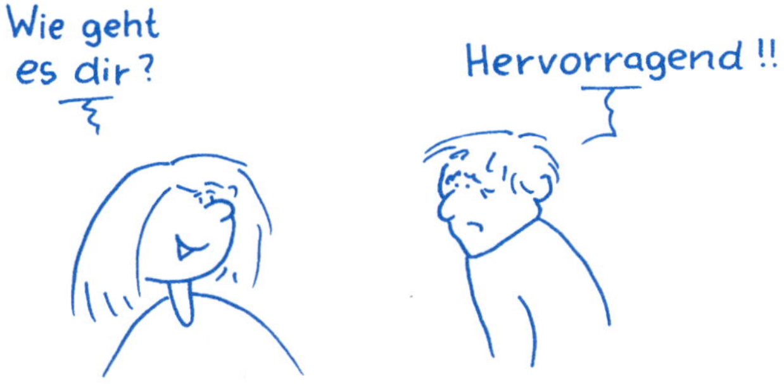

**Double Binds** sind ein Kommunikationsmuster, bei dem paradoxerweise das, was explizit verbal geäußert wird, auf der nonverbalen Ebene (Mimik, Gestik, Tonfall) wieder aufgehoben wird. Diese Technik wird oft in Witzen verwendet.

Dieses Phänomen hat sich auch in unseren alltäglichen Sprachgebrauch eingeschlichen: Die Aufforderung „sei spontan" ist sicher das kürzeste Beispiel einer paradoxen Aussage, denn spontan sein bedeutet, etwas ohne Handlungsanweisung zu tun. Fordert man jemanden jedoch auf, so ist seine Reaktion nicht mehr spontan. Die Missverständnisse durch Double Bind können einen starken Einfluss haben auf unsere emotionale Stabilität, denn sie betreffen den Kern von zwischenmenschlichen Beziehungen und die Selbstwahrnehmung der Kommunizierenden. Die Konflikte können sich manifestieren und das Verhältnis zum anderen und zu sich selbst erheblich stören.

### Aufgabe 5.2: **Entschlüsselung paradoxer Botschaften**

Suchen Sie in Partnerarbeit Double-Bind-Botschaften im Kontext einer konkreten Situation (Partnerschaft, Eltern-Kind-Beziehung, Lehrer-Schüler-Beziehung etc.). Die Ebenen der paradoxen Botschaften werden dann von einem anderen Zweierteam entschlüsselt und umgekehrt. Gemeinsam sucht das Viererteam nach Lösungen, um Konflikte zu durchbrechen und zu vermeiden.

Im Internet finden Sie ein exemplarisches Lösungsmodell, des Weiteren lesen Sie aus Friedemann Schulz von Thuns praktischer Arbeit als Kommunikationstrainer unter *http://www.schulz-von-thun.de/*.

## Psychologie der Persönlichkeit und Devianz

### Objektive Persönlichkeitstests

Ein bekannter **objektiver Persönlichkeitstest**, der die Grundlagen für viele faktorenanalytische Modelle legte, ist das **Eysenck Personality Inventory** (EPI), erstmalig im Jahr 1976 erschienen. Die Faktorenanalyse ist ein statistisches Verfahren, in welchem die zahlreichen Dimensionen von Persönlichkeit auf wenige, berechenbare, Faktoren reduziert werden.

Er wird für Jugendliche ab 14 Jahren und für Erwachsene eingesetzt, um klinische und pädagogische Verhaltensänderungen zu messen. Es werden die Dimensionen **Extraversion** und **Neurotizismus** erfasst, welche Eysenck in seiner Faktorentheorie formulierte. Für den EPI gibt es zwei Parallelformen, die eine Testwiederholung ermöglichen, und auch Personen mit niedriger Intelligenz können getestet werden. Eine Lügenskala stellt des Weiteren heraus, ob die Fragen im Sinne der sozialen Erwünschtheit beantwortet wurden, so dass die Ergebnisse signifikant (valide und reliabel) sind.

### Das Faktorenmodell der „Big Five"

Eine moderne Version eines Faktorenmodells ist der **Big Five**. Er geht von fünf Persönlichkeitsfaktoren aus und erstellt individuelle Profile in den Bereichen Bedürfnis nach **Stabilität**, **Extraversion**, **Offenheit**, **Anpassungsbereitschaft** und **Gewissenhaftigkeit**.

Den Test kann man in Einzelarbeit online unter *http://de.outofservice.com/bigfive/* kostenfrei durchführen, die Auswertung erfolgt anonym und ebenfalls online, so dass man das Ergebnis sofort einsehen kann.

Aufgabe 6.1: **Auswertung des Big-Five-Persönlichkeitstests**

Operationalisieren Sie mit Hilfe der Auswertung des Big Five die Dimensionen der individuellen Persönlichkeitsprofile. Dazu weisen Sie den oben genannten Dimensionen Fragen (Items) aus dem Manual zu und gruppieren diese thematisch. So analysieren Sie den Aufbau des Tests. Diskutieren Sie die Aussagekraft der Ergebnisse kritisch. Auch einzelne Ergebnisse können im Plenum offenbart werden, müssen es jedoch nicht. Es sollte niemand aus der Gruppe das Gefühl haben, vorgeführt zu werden.

### Projektive Testmanuale

Neben objektiven Tests sind die **projektiven Testmanuale** häufig verwendete Verfahren, um die Persönlichkeit zu messen. Heutzutage werden sie vor allem bei Kindern und Lernbehinderten eingesetzt, um eine Anamnese zu unterstützen. Sie begründen sich auf **tiefenpsychologische Grundannahmen**, dass bei einer Projektion (Bedrohung des ICH) unbewusste Motive und Emotionen auf ein anderes Objekt, eine andere Person, projiziert werden und nicht als auf sich selbst bezogen erkannt werden.

Ziel ist es, unbewusste Gedanken und Gefühle (sowie teils auch bewusste) aufzudecken, verbalisieren zu lassen und zu erfassen. Bekannte Tests sind hier der Rorschachtest („Tintenkleckstest") und der TAT (Thematic Apperception Test, „Geschichten nach Bildtafeln") für Erwachsene, doch auch der **Wartegg-Zeichentest**, der **Familie-in-Tieren-Test** oder der **Sceno-Test** für Kinder. Die Bilder und Vorlagen für diese Tests sowie deren Design findet man auf vielen Seiten, auch teils frei zugänglich, im Internet.

Aufgabe 6.2: **Projektive Tests**

Recherchieren Sie die oben genannten Testverfahren, z.B. unter *http://www.heilpaedagogik-info.de/fachwissen/heilpaedagogische-tests/252-projektive-tests.html*, *http://www.psychology48.com/deu/d/projektive-tests/projektive-tests.htm* oder *http://www.kindergartenpaedagogik.de/214.html*, und analysieren Sie den Aufbau, die Durchführung und die Evaluation des Tests, insbesondere bezüglich der **Testgütekriterien**.

Der Einsatz (z.B. in der **Heilpädagogik**) und die Aussagekraft dieser Verfahren werden im Plenum kritisch diskutiert und den objektiven Verfahren gegenübergestellt. Wenn die Möglichkeit besteht, kann auch ein Test mit jüngeren Geschwistern durchgeführt werden (z.B. Familie in Tieren, bei dem die Familie in Form von Tieren gemalt werden soll). Hier muss jedoch beachtet werden, dass die Tests von den Durchführenden nicht überinterpretiert werden.

## Klinische Psychologie

Der klinische Bereich der Psychologie ist sehr weit gefasst und ist insbesondere bei der Analyse abweichenden Verhaltens in viele unterschiedliche Ansätze und Sichtweisen unterteilt. Die Analyse von **Fallbeispielen** ist eine Aufgabe für Experten, hier sind sowohl **Therapeuten** als auch **Psychiater** gemeint.

Fallbeispiele und professionelle Analysen zu unterschiedlichen Störungsbildern finden Sie z.B. unter *http://verlag.hanshuber.com/lkp/* oder in Butcher, Mineka, Klinische Psychologie, Diagnose – Störung – Therapie in integrativer Darstellung [10]

## Arbeits- und Organisationspsychologie

Jede Generation hat ihren Führungsstil – denn den immerwährend idealen Führungsstil gibt es nicht. Doch eine Grundidee findet sich heute in fast allen Führungsseminaren: die von **Ken Blanchard** und **Paul Hersey** 1968 entwickelte Form des **Situational Leadership**. Es ist jedoch nicht leicht, dieses Credo zu erfüllen: sich stets dem Mitarbeiter und der aktuellen Situation anzupassen.

Die übergeordneten **Ziele** dieses Führungsstils fordern von Führungskräften, sicherzustellen, dass ihr Aufgabenbereich seine **Funktion** im Gesamtsystem der Organisation erfüllt, dass die **Kompetenzen** der Mitarbeiter gefördert werden und sie sich entwickeln können (**dirigierendes Verhalten**) und schließlich, dass sie ihre Aufgaben mit entsprechendem Engagement ausüben (**unterstützendes Verhalten**).

Hieraus ergeben sich vier Verhaltensrichtungen:

- Stil 1 – **Anleiten:** Die Führungskraft dirigiert zumeist und unterstützt wenig. Es gibt detaillierte Anweisungen zur Aufgabe und eng umrissene Ziele. Die Schritte zur Erreichung und die erbrachte Leistung werden eng überwacht.
- Stil 2 – **Coachen:** Entscheidungen werden weiterhin dirigierend von der Führungskraft getroffen, doch sie erläutert diese, nimmt Vorschläge entgegen und lobt die Arbeit und Ideen der Mitarbeiter unterstützend, selbst wenn sie nur teilweise anwendbar sind.
- Stil 3 – **Unterstützen:** Die Stärken der Mitarbeiter werden gefördert und ihr Engagement wird unterstützt, so dass Eigenverantwortung und Problemlösungen seitens der Mitarbeiter in den Fokus genommen werden.
- Stil 4 – **Delegieren:** Immer noch entscheidet die Führungskraft über das Ziel und die Aufgabenfeldbeschreibung, doch sie lässt die Mitarbeiter selbstständig im Rahmen des Aufgabenfelds handeln und stellt die Ressourcen dazu sicher.

## Zum Abschluss

Es ist kein leichtes Unterfangen, in das Thema Psychologie einzusteigen – man meint, man kenne schon viele Zusammenhänge und müsse sich nicht wissenschaftlich damit auseinandersetzen. Dies ist die im ersten Kapitel beschriebene Diskrepanz zwischen Laien und Experten. Hier zum Ende des Buchs möchten wir noch einige Hinweise geben, um aus Ihnen aufmerksame Experten zu machen.

Die Grundströmungen der Psychologie, auch Paradigmen genannt, werden filmisch auf *www.planet-schule.de* unter dem Fach Psychologie vorgestellt. Weitere wertvolle Links sind *www.die-wege.de* und *www.bosparus.com.* Man muss auch immer wieder mal einen Begriff nachschlagen, denn die Psychologie bedient sich einer eigenen Terminologie, die zwar dem hohen Grad an Vernetzung mit anderen Wissenschaften Rechnung trägt, aber im psychologischen Kontext gedeutet werden muss. Hier empfehlen sich u.a. *www.wirtschaftslexikon.gabler.de* und thematisch sehr ausführlich *http://www.stangl-taller.at*.

Wir hoffen, dass wir mit diesem Buch allen Interessierten einen ersten Einblick in die Komplexität des Fachs Psychologie geben und ihre Alltagsrelevanz im zwischenmenschlichen Miteinander verdeutlichen konnten. Wenn wir ein wenig besser verstehen, wie wir ticken, haben wir vielleicht mehr Verständnis für einander, wenn es mal stressig wird in einer Situation oder in einer Beziehung. Wir können uns aktiv darum kümmern, ein gesundes Verhältnis zwischen Wahrnehmen, Erleben und Verhalten zu entwickeln.

Sie haben beim Lesen sicher selbst festgestellt, dass das Fachgebiet der Psychologie sehr interdisziplinär und facettenreich ist; in diesem Buch konnte die Vielfalt jedoch nicht komplett abgedeckt werden. So finden Sie im Internet außer den im Buch angeführten Ergänzungen und den Lösungen zu den Aufgaben auch stets aktualisierte Themen und Forschungsergebnisse aus der Psychologie und den mit ihr verwandten Wissenschaften.

Danke für eure Unterstützung!
Nun bin ich überzeugt, dass ich
Psychologie studieren werde.

# Zum Nachschlagen

# Glossar

An dieser Stelle finden Sie ein kurzes Glossar der wichtigsten Schlüsselbegriffe aus Psychologie macchiato. Im Internet steht ein ausführliches Glossar, z.B. zur Klausurvorbereitung, zur Verfügung. Außerdem können Sie dort biografische Angaben und Hintergrundinformationen zu den bedeutsamsten Psychologen in ihrer Zeit nachlesen.

**Akkomodation:** Gegenbegriff zur Assimilation, Veränderung eines bestehenden kognitiven Schemas, um neue Informationen integrieren zu können (Piagets Ansatz)

**Altruismus:** Motiv oder Bedürfnis des Menschen, anderen zu helfen und beizustehen, besondere Form des prosozialen Verhaltens

**Angststörungen:** häufigste psychische Erkrankung (neben Depressionen), die sich in den Hauptkategorien Panikstörung, generalisierte Angststörung und Phobien zeigen und einer normalen Angstsituation nicht angemessen sind

**Archetypen:** seelische Urbilder, die auf Erfahrungen der Menschheit im Laufe der Evolution zurückgehen und zum kollektiven Unbewussten gezählt werden (C. G. Jung)

**Assimilation:** Gegenbegriff zur Akkomodation, Verwendung bestehender kognitiver Schemata, um mit Objekten umzugehen oder Schwierigkeiten zu meistern, die Umweltreize werden angepasst.

**Axiom:** Grundsatz, der keines Beweises bedarf

**Bedürfnispyramide:** Modell, in welchem das menschliche Verhalten durch fünf hierarchisch angeordnete Bedürfniskategorien dargestellt wird (Abraham Maslow)

**Behaviorismus:** (Am. Engl.: behavior= Verhalten) psychologische Forschungsrichtung, die sich vornehmlich mit objektiv messbarem Verhalten auf konkrete Reize beschäftigt, ohne seelische Vorgänge zu beschreiben

**Burnout:** Krankheitszustand, in dem der Patient körperlich, emotional und geistig vollkommen erschöpft ist, das Leistungsvermögen ist somit deutlich reduziert.

**Coaching:** die professionelle Beratung, Begleitung und Unterstützung von Personen mit Führungs-/ Steuerungsfunktionen und von Experten in Organisationen

**Defizithypothese:** In Zusammenhang mit der Bedürfnispyramide geht man davon aus, dass zunächst die grundlegendsten, körperlichen Bedürfnisse (Defizitmotive) und Triebe befriedigt werden müssen, ehe der Mensch nach geistigen Werten strebt.

**Dissonanz, kognitive:** nach Festinger Ungleichgewicht bei Kognitionen, das nach Überwindung drängt oder Unbehagen auslöst

**Egozentrismus:** Entwicklungsmerkmal der frühen Kindheit, die Welt auf sich allein bezogen wahrzunehmen; das Kind selbst ist der Mittelpunkt, um den sich alles dreht

**Einstellungen:** Tendenzen des Individuums, auf bestimmte Klassen von Reizen mit bestimmten Klassen von Reaktionen (kognitiv, affektiv, psychomotorisch) zu antworten

**Empathie:** Fähigkeit eines Menschen, sich in die Lage eines anderen Betroffenen hineinversetzen zu können; Ausdrucksform und Verhaltensweisen des Mitfühlens

**Emergenz:** (lat.: emergo = auftauchen, sich herausarbeiten) neben der Prägnanz eines der Grundprinzipien der Gestalttheorie; im Rahmen der Systemtheorie das spontane Bilden neuer Strukturen oder Eigenschaften durch das Zusammenwirken der einzelnen Elemente

**Erfolgsorientierung:** Handlungen sind durch die Hoffnung auf Erfolg bestimmt, allein durch diesen Faktor wird häufig das angestrebte Ziel bereits erreicht.

**Exploration:** Erkundung der Umwelt/Außenwelt

**Extrinsisch:** durch einen äußeren Anreiz (Folge der Aufgabe) motiviert

**Gestalt, Gestaltgesetze:** Gestaltpsychologie geht davon aus, dass die menschliche Wahrnehmung nicht die Umwelt objektiv abbildet, sondern nach bestimmten Gesetzen bereits strukturiert, so dass sie zu einer Gestalt, zu einer Ganzheit, wird.

**Gleichgewicht:** geht davon aus, dass der Organismus nach einem Ausgleich der Bedürfnislage und der Interessenlagen strebt. Befriedigung der Grundbedürfnisse führt zu vorübergehender Zufriedenheit. Dies gilt auch für kognitive und emotionale Zustände.

**Grundgesetz,** biogenetisches: Die Ontogenese ist eine verkürzte Rekapitulation der Phylogenese: Embryonen durchlaufen in verkürzter Zeit die Entwicklungsstufen ihrer Art.

**Grundgesetz,** psychogenetisch: Geistige Entwicklung eines Kindes durchläuft Stufen der Entwicklung des Menschen.

**Halo-Effekt:** (engl. halo = Heiligenschein, Hof des Mondes) ein Wahrnehmungs- oder Beurteilungsfehler, bei dem wertende Informationen über eine Person auf den Gesamteindruck, den man von ihr hat, „ausstrahlen"

**Heuristik:** individuelle, durchaus subjektive Sicht auf psychische und andere Phänomene

**Ideengeschichte:** In der Ideengeschichte verfolgt man die Entwicklungslinie eines Phänomens (z.B. Assoziationstheorie) über längere, überdauernde Zeiträume, z.B. von der Antike (Aristoteles) bis in das 20. Jahrhundert.

**Interdependenz:** gegenseitig sich beeinflussende und damit voneinander abhängige Faktoren innerhalb eines Ablaufs (z.B. Lehrer-Schüler-Verhalten) oder sich beeinflussende Messgrößen innerhalb eines Experiments

**Interferenz:** Überlagerung zweier psychischer Prozesse, die sich gegenseitig negativ beeinflussen und den aktiven Lernprozess und die Gedächtnisleistung dadurch beeinträchtigen

**Intrinsisch:** durch einen inneren Anreiz (der Aufgabe innewohnend) motiviert

**Introspektion:** Methode der „Selbstinnenschau", bei der der Proband auf seine inneren Prozesse achtet und diese Beobachtungen aufzeichnet: Empfindungen, Gefühle, organische Reaktionen auf Reize, Spannungen, Traumerinnerungen können notiert werden (Tagebuch).

**Kognitivismus:** psychologische Forschungsrichtung, die sich vornehmlich mit der Aufnahme, der Organisation und der Verarbeitung von Informationen beschäftigt, durch die ein Individuum Kenntnis von seiner Umwelt erlangt.

**Kohäsion:** beschreibt Bindung und Zuneigung zwischen Gruppenmitgliedern

**Kommunikation:** Fähigkeit eines Individuums, seine Gedanken, Ideen und Gefühle anderen mitzuteilen

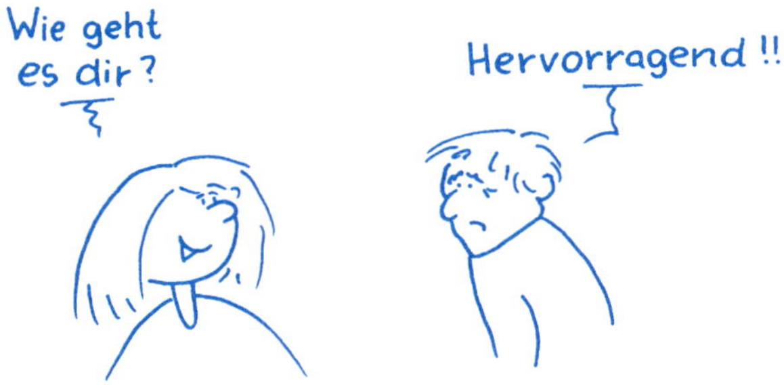


**Konditionierung, klassische:** ein Verfahren von Iwan P. Pawlow, um aus einem neutralen Reiz einen konditionierten Reiz zu machen, der die gleiche natürliche Reaktion (z.B. Reflex der Speichelsekretion beim Hund) hervorruft

**Konditionierung, operante:** Lernen ist ein aktiver Prozess, der durch Verstärkung (Verhalten wird häufiger) oder Bestrafung (Verhalten wird seltener) beeinflusst werden kann.

**Late talkers:** Kinder, die in der Sprachentwicklung hinter den phasenbedingten sprunghaften Wortschatzerweiterungen zurückbleiben

**Luzifer-Effekt:** nach Zimbardo Transformationsfähigkeit des Menschen vom Guten zum Bösen; Identitäts- und Rollenwechsel, dramatische Veränderung der Persönlichkeit, Persönlichkeitsspaltungen

**Methodologie:** Lehre von den wissenschaftlichen Untersuchungs- und Forschungsmethoden

**Misserfolgsängstlichkeit:** Handlungen sind durch die Furcht vor Misserfolg bestimmt, allein durch diesen Faktor wird häufig das angestrebte Ziel nicht erreicht.

**Mobbing:** negative Handlungen (auch kommunikativ) gegen eine Person, die häufig vorkommen und über einen längeren Zeitraum andauern und somit die Beziehung zwischen Tätern und Opfern bestimmen

**Motivation:** Konstrukt für einen Prozess, der durch ein Bedürfnis ausgelöst wird, ein Ziel zu erreichen, und dabei Aktivierungen des Organismus oder des Intellekts (Operationen habitueller, geistiger oder emotionaler Art) in Gang setzt

**Neurose:** seelische Erkrankungen unterschiedlichster Ausprägung (Formen und Stärke), die endogen (also hereditär) oder exogen (ausgelöst durch besondere Ereignisse) und auch untereinander vermischt auftreten können

**Paradigmen:** Grundströmungen psychologischen Denkens und Forschens, Leitfaden für Theorieentwicklung, Sichtweisen auf Erleben und Verhalten von Lebewesen, Weltbilder

**Paralleltests:** gleichzeitig durchgeführte Testreihen in parallelen Gruppen

**Persönlichkeit:** psychologisches Konstrukt als Sammelbegriff für die Einzigartigkeit eines Menschen und seiner Kompetenzen

**Prägnanz:** neben der Emergenz ein Grundprinzip der Gestaltpsychologie, das besagt, dass einfache, deutliche Formen leichter erkannt, besser memoriert und länger gespeichert werden können

**Psychoanalyse:** eine von Sigmund Freud begründete Theorie und Praxis, unbewusste und verdrängte Erfahrungen bewusst zu machen, da sie in der Regel Leid verursachen

**Psychologie, experimentelle:** versteht sich als planvolle, wiederholbare und unabhängige objektive Untersuchungsmethode, in der die Gütekriterien zur Geltung kommen

**Psychologie, geisteswissenschaftliche:** Psychologische Phänomene werden beobachtet, beschrieben, verglichen und hinsichtlich ihres Erkenntnisgewinns gedeutet.

**Psychologie, naturwissenschaftliche:** Psychologische Phänomene werden beobachtet, empirisch erfasst und hinsichtlich ihrer berechenbaren Fakten gedeutet.

**Psychosomatik:** Beschäftigt sich mit der Wechselwirkung und Einflussnahme von körperlichen (somatischen) Phänomenen auf psychische Phänomene und umgekehrt. Besonders für die klassische Medizin sind psychosomatische Prozesse heute wichtiger denn je.

**Realismus:** Entwicklungsphänomen der späteren Kindheit, in der das Kind seine Egozentrizität aufgibt und mit kognitiven Fähigkeiten (sachliche Argumente, neu gelernte Gesetzmäßigkeiten z.B. in der Natur) Erklärungen für wahrgenommene Phänomene geben kann

**Reflex, bedingter:** ursprünglich natürliche Reaktion (Speichel) auf den neuen konditionierten Reiz (z.B. Glockenton statt natürlichem Reiz „Nahrung")

**Reliabilität:** Maß für die Genauigkeit der Testergebnisse (Verlässlichkeit)

**Schlüsselkompetenzen:** fachunabhängige Fähigkeiten oder Einstellungen wie Teamgeist oder Kommunikationsfähigkeit

**Sozialer** Wertewandel: kulturell und historisch begründeter Wandel der gesellschaftlichen Werte

**Stimulus:** Reiz, Auslöser für eine Reaktion

**Symbol:** zugewiesene Bedeutung, die einem Begriff einen Sinn gibt

**Symptom:** Anzeichen (meist einer Krankheit)

**Tiefenpsychologie:** psychologische Forschungsrichtung, die sich vornehmlich mit Phänomenen des Unbewussten beschäftigt

**Transfer:** Übertragung eines neu gelernten Verhaltens auf eine andere Situation

**Wahrnehmungskonstanz:** Phänomen in der visuellen Wahrnehmung, bei der Objekte als unverändert in Helligkeit, Farbe, Form und Größe wahrgenommen bzw. bewertet werden, auch wenn die Bilder auf der Netzhaut sich objektiv verändern (z.B. durch Dunkelheit)

**Wirtschaftspsychologie:** Psychologie der gesamtwirtschaftlichen Prozesse, Marktpsychologie

# Literaturverzeichnis

## Zum Nachlesen, Vertiefen und Erweitern

Piktogramm Internet: Die hier aufgeführte Auswahl von Büchern haben der fachlichen Arbeit der Autoren dieses Buchs zugrunde gelegen und sie inspiriert. Weitere Bücher (auch Fachartikel und Internetquellen) finden Sie im Internet. Das Verzeichnis im Internet enthält auch ältere Quellen, wenn ihre Inhalte das erkenntnisleitende Interesse fördern.

[1] Aronson, Elliot/Wilson, Timothy & Robin Akert: **Sozialpsychologie**, 6. Auflage, Pearson Studium, München 2008; ISBN: 978-3-8273-7359-5

[2] Berk, Laura E.: **Entwicklungspsychologie**, 5. Auflage, Pearson Studium, München 2011; ISBN: 978-3-8689-4049-7

[3] Buggle, Franz: **Die Entwicklungspsychologie Jean Piagets**, Kohlhammer 1993; ISBN 978-3-1701-2371-7

[4] Butcher, James N./Susan Mineka & Jill M. Hooley: **Klinische Psychologie**, Pearson Studium, München 2009; ISBN: 978-3-8273-7328-1

[5] Gagnè, Robert M./Briggs, I. & Walter W. Wager: **Principles of Instructional Design**, Harcourt Brace Jovanovich, Fort Worth 1992

[6] Gagnè, Robert M.: **Military training and principles of learning**, in: American Psychologist 1962, 17, S. 83 – 91

[7] Galliker, Mark/Klein, Margot & Sibylle Rykart: **Meilensteine der Psychologie. Die Geschichte der Psychologie nach Personen, Werk und Wirkung**, Kröner, Stuttgart 2007, ISBN 978-3-5203-3401-5

[8] Ginsburg, Herbert P & Sylvia Opper: **Piagets Theorie der geistigen Entwicklung**, 9. Auflage, Klett-Cotta, Stuttgart 2004, ISBN 978-3-6089-1909-7

[9] Frey, Dieter & Lutz von Rosenstiel (Hrsg.): **Wirtschaftspsychologie**, Beltz, Weinheim und Basel 2005; ISBN 978-3-6212-7523-1

[10] Kesselring, Thomas: **Jean Piaget**, C. H. Beck, München 1988, ISBN 978-3-4063-2893-0

[11] Gerd Mietzel: **Pädagogische Psychologie des Lernens und Lehrens**, Hogrefe, Göttingen 2007, 8. Auflage, ISBN 978-3801721008

[12] Portele, Gerhard (Hrsg.): **Sozialisation und Moral.** Beltz, Weinheim und Basel 1978, ISBN 978-3-4075-1134-8

[13] Rosenstiel, L. von: **Grundlagen der Organisations-psychologie**, 5. Auflage, Schäffer-Poeschel, Stuttgart 2003, ISBN 978-3-7910-9236-2

[14] Schulz von Thun, Friedemann: **Miteinander reden 1 – Störungen und Klärungen. Allgemeine Psychologie der Kommunikation**, 48. Auflage, rororo 2010, ISBN 978-3-4991-7489-6

[15] Tomasello, Michael: **Die kulturelle Entwicklung des menschlichen Denkens**, Suhrkamp, Frankfurt 2002, ISBN 978-3-5182-9427-7

[16] Gerrig, Richard J. & Philip G. Zimbardo: **Psychologie**, 18. Auflage, Pearson Studium, München 2008; ISBN: 978-3-8273-7275-8

[17] Zimbardo, Philip G.: **Der Luzifer-Effekt: Die Macht der Umstände und die Psychologie des Bösen**, Spektrum Akademischer Verlag, Heidelberg, 2008; ISBN: 978-3-8274-3027-4

# Stichwortverzeichnis

## T



## U

Lernen mit Genuss! Die macchiato-Reihe steht mit über 100.000 verkauften Exemplaren für ein erfolgreiches pädagogisches Konzept, mit Cartoons und Humor wertvolle Einsichten und Aha-Momente auszulösen. Bezugspersonen erleichtern das Lernen. Cartoons erlauben es, Figuren zu schaffen, mit denen sich der Leser identifizieren kann.

## Weitere Titel:

### Biologie macchiato

*Norbert W. Hopf und Boris Krauß*

Seiten: 216; Preis: € 19,95 [D]; ISBN: 978-3-8273-4180-7

Genius und Plasmatikus sind Begleiter auf der Reise in die Geheimnisse des Lebendigen.

### Anorganische Chemie macchiato

*Kurt Haim, Johanna Lederer-Gamberger und Klaus Müller*

Seiten: 224; Preis: € 19,95 [D]; ISBN: 978-3-8689-4058-9

Bei Reagenzia, Kolbi und Destillato geht es heiß her im Chemie-Labor.

### Organische Chemie macchiato

*Kurt Haim und Klaus Müller*

Seiten: 240; Preis: € 19,95 [D]; ISBN: 978-3-8689-4059-6

Carboneus erklärt mit Reagenzia, Kolbi und Destillato die Chemie des Lebens.

### Informatik macchiato

*Johannes Magenheim u.a. und Thomas A. Müller*

Seiten: 240; Preis: € 19,95 [D]; ISBN: 978-3-8273-4181-4

Miss Digit und Speedy Bit entwirren den Computer und erläutern soziale Netzwerke etc. aus ihrer Sicht.

## Mathe macchiato

*Tiki Küstenmacher, Heinz Partoll und Irmgard Wagner*

Seiten: 224; Preis: € 19,95 [D]; ISBN: 978-3-8689-4026-8

Die theoretische Mathematik, dargestellt von Miss Mathe, wird durch praktische Fragen vom Computer herausgefordert. Die lustigen Auseinandersetzungen führen zu manchem mathematischen AHA- Moment.

## Mathe macchiato Analysis

*Heinz Partoll, Irmgard Wagner und Peter Fejes*

Seiten: 224; Preis: € 19,95 [D]; ISBN: 978-3-8689-4027-5

Mathe Haari, Dr. Know und Igor veranschaulichen die abstrakten Konzepte vom Differenzieren und Integrieren. Wie sie das entwickeln ist spannend und liest sich manchmal wie ein Geheimauftrag.

## Statistik macchiato

*Andreas Lindenberg, Irmgard Wagner und Peter Fejes*

Seiten: 224; Preis: € 19,95 [D]; ISBN: 978-3-8689-4078-7

Bernie geht bei Frau Statistica in die Lehre und besteht einige Abenteuer.

## Physik macchiato

*Kamilla Herber und Thomas A. Müller*

Seiten: 240; Preis: € 19,95 [D]; ISBN: 978-3-8689-4077-0

Madame Julie und Dr. Watson gehen auf physikalische Entdeckungsreise.

## Wirtschaft macchiato

*Günter Schiller und Michael Holtschulte*

Seiten: 224; Preis: € 19,95 [D]; ISBN: 978-3-8689-4018-3

Robinson Crusoe lernt auf der einsamen Insel wirtschaften, Billy Bargain wird von Ökonomia unterwiesen.